GARY CHAPMAN

Die 5 Sprachen der Liebe

FÜR ZEITEN DER KRISE

francke

Über den Autor:

Dr. Gary Chapman hat Anthropologie studiert und war viele Jahre in der Paarberatung tätig. Er ist der Autor zahlreicher Bücher und als Experte für Beziehungsfragen international bekannt. Mit seinem New York Times-Bestseller »Die 5 Sprachen der Liebe«, der in über 60 Sprachen übersetzt wurde, hat er einen neuen Schlüssel zur Kommunikation gefunden und ein Millionenpublikum erreicht. Zusammen mit seiner Frau Karolyn lebt er in North Carolina.

MIX
Papier aus verantwortungsvollen Quellen
FSC® C014138
www.fsc.org

Bibliografische Information der Deutschen Nationalbibliothek
Die Deutsche Nationalbibliothek verzeichnet diese Publikation in der Deutschen Nationalbibliografie; detaillierte bibliografische Daten sind im Internet über https://dnb.dnb.de abrufbar.

ISBN 978-3-96362-183-3
This book was first published in the United States by Northfield Publishing with the title *Five Simple Ways to Strengthen Your Marriage*,

35037 Marburg an der Lahn
Deutsch von Steffi Baltes
Umschlagbild: © Shutterstock.com / NDAB Creativity
Umschlaggestaltung: Verlag der Francke-Buchhandlung GmbH
Satz: Verlag der Francke-Buchhandlung GmbH
Printed in Czech Republic

www.francke-buch.de

Inhaltsverzeichnis

Vorwort

»In diesen turbulenten und stürmischen Zeiten der Corona-Krise sitzen wir doch alle im selben Boot«, so oder ähnlich haben wir es schon öfter gehört. Aber stimmt das wirklich? Jeder von uns sitzt in seinem eigenen, ganz persönlichen Boot. Vielleicht sind bei Ihnen noch Kinder mit an Bord. Oder plötzlich sind wieder die jungen Erwachsenen »zugestiegen«, die eigentlich schon zum Studium aus dem Haus waren. Und viele von uns sind einfach nur gemeinsam mit ihrem Partner oder ihrer Partnerin auf den stürmischen Gewässern der Krise unterwegs.

Nein, wir sitzen nicht alle im selben Boot. Die einen sind gesund, die anderen angeschlagen; die einen haben Arbeit, auch wenn sie vorerst im Homeoffice tätig sind, die anderen haben ihre Arbeit verloren. Was uns aber alle vereint, ist die Tatsache, dass unser Leben seit der Krise ein anderes geworden ist.

Manche rechnen damit, dass die Trennungs- und

Scheidungsrate in der Welt weiter ansteigen wird, je mehr die Beschränkungen gelockert werden. Zumindest lässt das die Entwicklung in China vermuten, nachdem dort die strengen Quarantäne-Bestimmungen aufgehoben wurden. Aber lassen Sie mich eins anmerken: Nicht die Quarantäne-Bestimmungen oder Corona-Regeln sind die Ursache für eine Trennung, sondern es sind die Menschen, die sich dafür entscheiden. Wenn die Partnerschaft schon vor dem Auftreten der Pandemie angeschlagen war, dann bringt das enge Miteinander über viele Wochen hinweg nur klarer hervor, was sich vorher bereits abgezeichnet hat. War die Partnerschaft stabil und größtenteils intakt, dann erlebt das Paar gerade während der Krise vielleicht eine noch innigere Verbundenheit.

Dieses Buch ist allen Paaren gewidmet, denen, die in einer intakten Beziehung leben, und denen in einer eher fragilen. In einer Partnerschaft gibt es immer »Luft nach oben«, denn Beziehungen sind nichts Statisches. Mit jedem neuen Tag können sie sich in die eine oder andere Richtung verändern. Hat sich durch die Corona-Epidemie unser Umfeld gewandelt? Ohne Frage! Für viele ist der Druck aufgrund schwindender Rücklagen größer geworden. Lohn wurde aufgrund von Kurzarbeit gekürzt oder die Einnahmen sind komplett weggebrochen. Das macht uns Angst. Wenn Kinder mit zum Haushalt gehören, so sind diese nun öfter als sonst, vielleicht sogar rund um die Uhr, zu Hause. Auch das erhöht den Druck. Von einigen Eltern habe ich gehört, dass sie in der Zeit der Schulschließungen eine größere

Wertschätzung für die Arbeit von Lehrerinnen und Lehrern entwickelt haben. Unser gewohnter Tagesablauf hat sich verändert, was zu Ängsten und Stressreaktionen führen kann. Aber keine dieser Veränderungen ist der Grund dafür, dass eine Partnerschaft gelingt oder zerbricht, auch wenn uns die Veränderungen noch so drastisch vorkommen.

Als Menschen sind wir eigentlich extrem anpassungsfähig. Wir entscheiden uns bewusst für unsere Meinung und bestimmen selbst unser Verhalten. Aber unsere Emotionen können wir uns nicht so einfach »aussuchen«. Wir mögen uns frustriert, ärgerlich, enttäuscht und einsam fühlen. Oder wir fühlen uns glücklich, sind voller positiver Erwartung, empfinden uns als geliebt und gehalten.

Natürlich beeinflussen uns die Gefühle, aber sie müssen nicht unser Verhalten bestimmen. In unserer Gesellschaft scheint es an der Tagesordnung zu sein, sich einzig und allein von Gefühlen leiten zu lassen. Vielleicht haben Sie schon Sätze gehört wie: »Ich muss meinen Gefühlen treu bleiben.« Oder: »Ich muss meinem Herzen folgen.« Menschen, die so reden, treffen Entscheidungen aufgrund ihrer Emotionen. Wenn diese negativ sind, wirken sich die getroffenen Entscheidungen schädlich auf den Partner und die Kinder aus. Bitte verstehen Sie mich nicht falsch: Gefühle sind ein wichtiger Teil unseres menschlichen Wesens, aber sie sollten nicht unser Verhalten bestimmen.

In Zeiten der Krise dürfen wir wieder neu entdecken, dass wir die Kraft haben, selbst über unsere Einstellung und unser Verhalten zu entscheiden. Wenn wir aktiv eine positive Grundhaltung einnehmen, dann können wir viel eher gute Entscheidungen treffen. Mit dieser Grundhaltung bestimmen wir nämlich, was wir für wahr halten wollen und woran wir glauben. Eine negative Einstellung zeigt sich an Sätzen wie:

- »Unsere Ehe wird niemals besser.«
- »Menschen verändern sich nicht.«
- »Diese Krise gibt uns den Rest.«

All diese inneren »Glaubenssätze« sind Mythen, die aus unseren negativen Gefühlen erwachsen. Eine positive Einstellung hingegen nährt die Überzeugung:

- »Das ist jetzt eine schwierige Zeit, aber wir schaffen das.«
- »Wir können die momentane Krise nutzen, um an unserer Beziehung zu arbeiten und sie zu pflegen.«
- »Wir sollten einige Dinge verändern. Und ich fange damit bei mir selbst an.«
- »Ich will diese Zeit als eine Gelegenheit sehen, unsere Beziehung zueinander und zu unseren Kindern zu bereichern.«

In diesem Buch möchte ich Ihnen fünf Wege aufzeigen, wie Sie die Beziehung zu Ihrem Partner bzw. Ihrer Partnerin und zu Ihren Kindern fördern und verbessern können. Wenn Sie Kinder haben, dann können Sie ihnen kein größeres Geschenk machen, als ihnen vorzuleben, wie eine liebevolle, fürsorgliche und partnerschaftliche Beziehung zum Partner aussehen kann. Ich glaube fest daran, dass Sie das schaffen können. Ganz gleich also, ob Ihre Ehe oder Partnerschaft vorwiegend intakt ist oder angeschlagen, wir sollten die Krisensituation dazu nutzen, gemeinsam die Schwachpunkte zu benennen und an alternativen Handlungsmustern zu arbeiten, die wir dann gemeinsam einüben.

Die Vorschläge, die ich Ihnen dafür machen möchte, erwachsen aus meiner 40-jährigen Erfahrung als Therapeut, Seelsorger und Eheberater. Viele Beziehungen sind während dieser Zeit durch die einfach umzusetzenden Erkenntnisse und Übungen, die Sie in diesem Buch finden, vor dem Scheitern gerettet worden. Und aus vielen guten Paarbeziehungen sind großartige Partnerschaften und Ehen entstanden, weil beide Partner die hier dargelegten Fähigkeiten erlernt haben.

Die folgenden fünf kompakten Kapitel stellen Ihnen fünf Wege vor, wie Sie Ihre Partnerschaft verbessern und bereichern können. Es wäre wünschenswert, wenn Sie als Paar (gemeinsam oder jeder für sich) jeweils ein Kapitel lesen und dann darüber ins Gespräch kommen, wie Sie die Erkenntnisse, Vorschläge und Übungen umsetzen wollen. Natürlich ist mir bewusst, dass Sie Ihren Partner nicht dazu zwingen können, gemeinsam mit Ihnen dieses Buch zu lesen und zu besprechen. Wenn Sie es aber tun, wird das Ihre Ehe in eine neue, positive Richtung lenken. Glauben Sie mir: Sie werden feststellen, wie sich Ihr Partner verändert, weil er auch an

Ihnen eine Veränderung wahrnimmt. Wir alle werden doch davon beeinflusst, wie wir von unserem Gegenüber behandelt werden. Unterschätzen Sie diese Kraft nicht!

1

Vereinbaren Sie einen verbalen Waffenstillstand

Jemandem, der Sie beschimpft oder beleidigt hat, haben Sie vielleicht schon einmal erwidert: »Egal was du sagst, deine Worte können mir nichts anhaben!« Das klingt gut, stimmt aber leider nicht. Denn Worte haben eine große Macht, sie können einen anderen Menschen verletzen. Ein altes biblisches Sprichwort weist auf diese Realität hin: »Die Zunge kann töten oder Leben spenden.« (Sprüche 18,21) Und eine deutsche Redewendung besagt: »Wörter sind auch Schwerter.« Dadurch, wie Sie in Ihrer Beziehung miteinander reden, können Sie Ihre Partnerschaft entweder zerstören oder beleben. Alles, was wir sagen, kann unserem Gegenüber wie ein Schwert ins Herz dringen oder wie Balsam für die Seele sein. Ein Schwert verletzt und tötet. Balsam aber ist ein aromatisches Öl oder eine Salbe, die lindert, beruhigt und heilt. Harte, grausame, verurteilende Worte versetzen dem, dem sie gelten, einen Stich ins Herz. Freundliche, liebevolle, bestätigende Worte hingegen wirken wie heilsamer Balsam in der Seele dessen, dem sie zugesprochen werden.

Leider geht es uns allen so, dass wir unseren Partner von Zeit zu Zeit mit unseren Worten verletzen. Meist passiert das dann, wenn wir uns über etwas geärgert haben. Dann sagen wir Dinge wie:

- »Nie kann man sich auf dich verlassen!«
- »Du bist genau wie dein Vater/deine Mutter – total verantwortungslos!«
- »Würdest du jetzt endlich dein Handy zur Seite legen und mir zuhören?«
- »Wenn du sowieso schon wieder rausmusst –, nimm doch unseren Kleinen mit, damit ich endlich mal meine Ruhe habe!«
- »Wenn ich nicht immer die Initiative ergreifen würde, würden wir wahrscheinlich überhaupt nicht mehr miteinander schlafen.«
- »Du weißt doch ganz genau, dass ich keinen Lachs mag.«
- »Du sitzt ja nur noch an deinem PC und spielst. Das macht mich wahnsinnig!«

Das ließe sich jetzt immer weiter fortsetzen, aber Sie haben sicher verstanden, was ich meine.

Diese Verbalattacken entspringen unserem Ärger und

Frust. Ärger entsteht in uns, wenn wir uns ungerecht behandelt fühlen. Oft ist dieses Gefühl sicher berechtigt, weil wir tatsächlich unfair behandelt wurden. Es sollte uns aber dazu anspornen, eine respektvolle, liebevolle Auseinandersetzung mit unserem Partner zu suchen und die Versöhnung anzustreben (dazu mehr in Kapitel 2). Ein großer Teil unserer Gefühle von Ärger und Wut beruhen jedoch auf einer verzerrten Wahrnehmung: Unser Partner bzw. unsere Partnerin hat uns nicht wirklich schlecht behandelt. Sie hat vielleicht einfach nur nicht das getan, womit wir gerechnet haben. Oder er hat es anders als erwartet getan.

Ich erinnere mich z. B. daran, wie ich mich einmal über meine Frau geärgert habe, weil sie den Geschirrspüler anders eingeräumt hatte als ich. Ich sehe mich selbst als ziemlich organsiert an und habe deswegen auch eine effektive Methode entwickelt, wie ich den Geschirrspüler so einräume, dass nichts kaputtgeht und alles sauber wird. Meine Frau Karolyn aber räumt die Maschine so ein, als würde sie mit dem Geschirr Frisbee spielen. Also habe ich meinem Ärger eines Tages Luft gemacht. Hat das unsere Ehe verbessert? Nein! Sie hat sich aufgeregt und war sauer über den Ton, den ich angeschlagen hatte.

Dazu kommt noch, dass eine verbale Attacke meist einen Gegenangriff provoziert. Meine Worte verletzen den andern und seine Antwort verletzt mich, ein Wort ergibt das andere und schon sind wir dabei, das zu zerstören, was wir uns doch unter allen Umständen bewahren wollen: eine liebevolle Partnerschaft.

Wenn wir mit unserem Partner fast rund um die Uhr zusammen sind, dann kann es schon mal passieren, dass unsere unterschiedlichen Persönlichkeitsstrukturen mehr zum Tragen kommen und vielleicht Konflikte verursachen. Die Frage ist nun: Wie gehen wir damit um? Manche Menschen neigen von Natur aus dazu, ärgerlich und mit verletzenden Worten zu reagieren. Andere wiederum verschließen sich dann und strafen den Partner durch Schweigen. Keine dieser Verhaltensweisen fördert die Beziehung. Einfühlsame, Leben spendende Worte hingegen sind eindeutig die bessere Wahl. Was wäre zum Beispiel geschehen, wenn ich zu meiner Frau Karolyn gesagt hätte: »Liebling, ich schätze es sehr, dass du die Spülmaschine einräumst. Tust du das eigentlich gerne oder wäre es dir lieber, wenn ich das übernehmen würde? Wenn es dir hilft, mach ich das sehr gerne.« Sicher merken Sie: Diese Worte haben einen beruhigenden, heilsamen Effekt.

Manch einer denkt sich jetzt vielleicht: »Diese Art der Kommunikation ist doch nicht normal. Niemand spricht so, wenn er verärgert ist!« Das stimmt natürlich. Wenn wir wütend sind, ist es für uns viel naheliegender, den Partner verbal zu attackieren. Aber immer das zu tun, was »naheliegend« ist, hat noch keine Ehe oder Partnerschaft verbessert. Wenn wir eine intakte Ehe oder Partnerschaft führen wollen, dann müssen wir lernen, uns nicht von unserem Ärger kontrollieren zu lassen, sondern stattdessen unseren Ärger unter Kontrolle zu bringen. Wenn die wütenden Worte erst einmal ausgesprochen sind, dann verletzen sie auch. Harsche Kritik,

Schimpftiraden und verletzende Äußerungen bringen unsere Partnerschaft nie auf einen guten Weg. Deshalb möchte ich Ihnen vorschlagen: *Vereinbaren Sie einen verbalen Waffenstillstand.* Ganz gleich, ob verbale Attacken in Ihrer Partnerschaft bloß gelegentliche Entgleisungen darstellen oder ob sie zur Tagesordnung gehören – ich möchte Sie dazu ermutigen, einen Waffenstillstand wenigstens zu versuchen. Wenn Sie in Krisenzeiten mehr Zeit miteinander verbringen, ist das doch eigentlich eine wundervolle Gelegenheit, solch eine Vereinbarung zu treffen und damit Erfahrungen zu machen.

Ein Waffenstillstand ist die von beiden Konfliktparteien getroffene Vereinbarung, die Angriffe einzustellen. So wird eine Atmosphäre geschaffen, die es beiden Seiten ermöglicht, Wege zu suchen, wie aus einem Kriegsschauplatz ein Ort des Friedens werden kann. Immer wieder konnten im Lauf der Geschichte bewaffnete Konflikte beigelegt werden, wenn jede Seite bereit war, einen Waffenstillstand einzuhalten und in Verhandlungen einzutreten. Ich bin überzeugt davon, dass auch Beziehungskonflikte beigelegt werden und Partnerschaften Frieden finden können, wenn die verbalen Attacken eingestellt werden.

Vielleicht lesen Sie diese Zeilen gerade in dem Wissen, dass Ihr Partner oder Ihre Partnerin nicht bereit ist, sich auf die Vorschläge in diesem Buch einzulassen. Aber haben Sie Mut: Es ist noch längst nicht alles verloren! Wenn Sie für sich entscheiden, dass Sie verbale Attacken von sich aus einstellen wollen, um die Atmosphäre in Ihrer Beziehung zu verbessern, dann ist das schon ein erster Schritt in die richtige Richtung: Denn wenn Sie bei verletzenden Worten Ihres Partners nicht sofort »zurückschießen«, geht Ihrem Gegenüber vielleicht bald die »Munition« aus. Schließlich ist es wenig sinnvoll, weiterhin ärgerliche Wortsalven abzufeuern, wenn niemand zum Gegenangriff übergeht.

Nun kommt der zweite Schritt: Was geschieht, wenn Sie während der Phase des verbalen Waffenstillstands gezielt damit beginnen, verletzende Worte durch einfühlsame, heilsame Worte zu ersetzen? Sie könnten z. B. vorwurfsvolle durch dankbare Worte ersetzen. Oder Sie könnten sich darauf konzentrieren, was Sie an Ihrem Partner wertschätzen. Ich bin mir sicher: Wenn Sie wirklich hinschauen, werden Sie auch etwas finden!

Ich erinnere mich an eine Dame, die mir in einem Gespräch anvertraute, ihr würde nichts Gutes einfallen, das sie über ihren Mann sagen könnte. Einen Moment lang dachte ich nach und fragte sie dann: »Duscht Ihr Mann sich denn?«

Etwas verwirrt antwortete sie: »Ja, natürlich!«

»Wie oft?«, fragte ich sie.

»Na, jeden Tag«, gab sie zur Antwort.

Daraufhin riet ich ihr: »Wenn ich an Ihrer Stelle wäre, würde ich genau da ansetzen. Vielleicht sagen Sie zu ihm so etwas wie: *Liebling, ich glaube, ich habe dir das nie gesagt. Ich schätze es, dass du dich jeden Tag duschst. Das ist nicht selbstverständlich. Nicht jeder Mann tut das!*«

Mir ist noch nie ein Mensch begegnet, über den überhaupt nichts Positives oder Wertschätzendes zu sagen gewesen wäre. Sicher bildet Ihr Partner bzw. Ihre Partnerin da keine Ausnahme.

Manchen von uns fällt es leicht, anderen Lob und Anerkennung auszusprechen, weil wir in unserer Kindheit selbst Anerkennung erhalten haben. Wir haben vielleicht von klein auf gelernt, uns zu bedanken, wenn jemand uns einen Gefallen getan hat. Ab und zu haben wir uns vielleicht auch nach dem Mittagessen bei unserer Mutter oder unserem Vater dafür bedankt, dass es so gut geschmeckt hat. Wenn das unseren Erfahrungen aus der Kindheit entspricht, dann ist es für uns heute nicht schwer, unserem Partner gegenüber unsere Dankbarkeit auszudrücken. Aber es gibt auch die unter uns, die anders groß geworden sind, die in ihrer Kindheit selten anerkennende Worte und Lob gehört haben. Als Erwachsenen fällt es uns deshalb nicht gerade leicht, anderen unsere Wertschätzung auszudrücken. Aber eines gilt trotzdem: Wir alle können das lernen!

Ein Ehemann erzählte mir einmal, dass es ihm schwerfallen würde, seiner Frau zu danken. »Es erscheint mir irgendwie unnatürlich und künstlich.«

»Das kann ich verstehen«, gab ich ihm zur Antwort. Ich wusste, dass er ein passionierter Golfspieler war. Deshalb sagte ich zu ihm: »Als Sie mit dem Golfspielen anfingen, kam Ihnen das zunächst wahrscheinlich auch etwas unnatürlich und ungewohnt vor, nicht wahr?«

»Da haben Sie vollkommen recht. Ich war ein ziemlich unbegabter Anfänger. Dutzende von Golfbällen habe ich im See versenkt.«

»Aber wie haben Sie es denn dann schließlich gelernt?«, fragte ich ihn. »Nach und nach, in kleinen Schritten. Ich habe es immer wieder versucht und ich hatte einen guten Coach.« – »Dann lassen Sie mich doch Ihr Coach sein, wenn Sie sich im Danken üben wollen«, schlug ich ihm vor. »Nach und nach wird es sich natürlicher anfühlen, aber Sie müssen es immer wieder versuchen.« Damit war er einverstanden und wurde schließlich immer besser darin, seiner Frau gegenüber seine Anerkennung auszudrücken.

Ein Tipp, den ich ihm gab, war z. B. ein »Anerkennungstagebuch«. Auf die erste Seite schrieb er: »Was ich an meiner Frau schätze«. Ich bat ihn, in der kommenden Woche bis zu unserem nächsten Gespräch drei Dinge aufzuschreiben. Als wir uns wiedersahen und er mir seine drei Aussagen zeigte, erschienen sie mir doch sehr allgemein:

1. Sie ist eine gute Köchin.
2. Sie ist eine gute Mutter.
3. Sie ist eine gute Lehrerin.

Aber immerhin, es war ein Anfang. So schrieb ich nun neben jeden seiner Punkte einen Satz:

1. »Liebling, ich weiß, dass ich dir das noch nicht oft gesagt habe: Du bist eine ausgezeichnete Köchin und ich genieße jedes Essen, das du zubereitest!«
2. »Mary (so hieß seine Frau), du bist unseren Kindern wirklich eine wundervolle Mutter. Ich bin dir so dankbar für alles, was du für sie tust!«

3. »Wie war es in dieser Woche an der Schule? Ich möchte wetten, die Eltern sind froh, dass ihre Kinder eine solche Lehrerin haben! Nach allem, was ich höre, leistest du hervorragende Arbeit.«

Dann bat ich den Ehemann, jede dieser Aussagen vorzulesen. Das fiel ihm nicht leicht, aber er tat es. »Ich möchte Sie ermutigen, diese Sätze in der kommenden Woche zu üben – stellen Sie sich vor einen Spiegel und lesen Sie sie mindestens zweimal am Tag laut vor«, sagte ich. Erstaunt fragte er: »Das ist alles?« – »Ja, für diese Woche zumindest.«

Als wir uns das nächste Mal trafen, bat ich ihn, diese Sätze frei auszusprechen, ohne dabei in sein Notizbuch zu sehen. Das gelang ihm sehr gut. »Nun möchte ich Ihnen eine Aufgabe für die nächsten drei Wochen geben«, sagte ich. »Machen Sie Mary jede Woche eines dieser Komplimente. Sie bestimmen dabei den Ort und den Zeitpunkt. Wichtig ist, dass Sie Ihrer Frau wirklich jede Woche durch einen dieser Sätze Ihre Anerkennung zum Ausdruck bringen.« Er antwortete zögerlich: »Das wird nicht leicht.« – »Ich weiß. Aber ein guter Golfspieler wie Sie schafft das.« Wir mussten beide lachen und schließlich antwortete er: »Ich gebe mein Bestes.« – »Mehr ist auch nicht nötig«, antwortete ich ihm und wir verabschiedeten uns.

Drei Wochen später kam er mit einem breiten Lächeln in mein Büro. »Wie ist es gelaufen?«, fragte ich. »Vergangene Woche, als ich meiner Frau das dritte Kompliment gemacht habe, da hat sie zu mir gesagt:

›Was ist denn auf einmal los mit dir? Noch nie hast du mich mit so viel Anerkennung überschüttet!‹« Interessiert fragte ich: »Und was haben Sie ihr geantwortet?« – »Ich habe ihr gesagt, dass ich gerade dabei bin zu lernen, wie ich ihr gegenüber meine Wertschätzung zum Ausdruck bringen kann. Und daraufhin meinte sie: ›Das ist wirklich süß von dir. Weißt du eigentlich, wie sehr ich dich liebe?‹ So etwas hat sie schon ganz lange nicht mehr zu mir gesagt. Es hat sich sehr gut angefühlt.« In diesem Moment wurde mir neu deutlich, was für eine große Kraft Lob und Anerkennung haben.

In der darauffolgenden Zeit gingen wir dazu über, sein Repertoire an positiven, wertschätzenden Worten seiner Frau gegenüber zu erweitern. Wir konzentrierten uns zunächst auf Persönlichkeitsmerkmale, die er an seiner Frau zu schätzen gelernt hatte. Anders als beim ersten Mal fiel es ihm nun viel leichter, eine ganze Anzahl an positiven Eigenschaften zu nennen. Dann ging er dazu über, seiner Frau für all das zu danken, was sie für ihn tat – Dinge, die er bisher für selbstverständlich gehalten hatte. Es gelang ihm sogar, ihr Komplimente für Ihr Äußeres und ihre Kleidung zu machen. Und er dankte ihr dafür, dass sie über seine »Golf-Besessenheit« hinwegsah und ihm keine Vorhaltungen deswegen machte, dass er so viel Zeit im Golf-Klub verbrachte. Innerhalb von nur neun Monaten verwandelte er sich in den Augen seiner Frau in einen Ehemann, wie sie sich keinen besseren wünschen konnte.

Vielleicht fällt es Ihnen ja leicht, Ihrer Partnerin oder Ihrem Partner gegenüber Ihre Wertschätzung auszudrücken. Möglicherweise tun Sie sich damit aber auch eher schwer. Wenn das der Fall ist, hoffe ich, dass Sie durch dieses Beispiel ermutigt wurden. Lassen Sie sich nicht durch Fehlschläge in der Vergangenheit entmutigen. Gerade Krisenzeiten, in denen Sie in Ihrer Partnerschaft mehr Zeit miteinander verbringen, können ein gutes Übungsfeld sein, um einen positiveren Umgang miteinander einzuüben und verletzende Worte zu ersetzen durch ernst gemeinte Komplimente, die wie Balsam für die Seele des andern sind.

Praktische Tipps:

1. Vereinbaren Sie einen verbalen Waffenstillstand, wenn Ihr Partner bzw. Ihre Partnerin damit einverstanden ist. (Zieht Ihr Gegenüber nicht mit, dann verpflichten Sie sich zumindest von Ihrer Seite aus zu einer »Feuerpause«.) Schreiben Sie folgende Worte nieder und unterzeichnen Sie beide diese Vereinbarung:

   Wir sind uns im Klaren darüber, dass harte und verurteilende Worte unserer Beziehung schaden. Deshalb vereinbaren wir hiermit einen verbalen Waffenstillstand. Wir werden alles versuchen, verbale Attacken nicht nur einzustellen, sondern negative Bemerkungen über den anderen durch wertschätzende und anerkennende Worte zu ersetzen.

2. Legen Sie Ihr ganz persönliches »Anerkennungstagebuch« an. Schreiben Sie in der ersten Woche drei Dinge auf, die Sie an Ihrem Partner bzw. Ihrer Partnerin schätzen. Fügen Sie in jeder darauffolgenden Woche zwei weitere Aspekte hinzu, insgesamt sechs Wochen lang.

3. Versuchen Sie, Ihrem Gegenüber mindestens einmal pro Woche Ihre Anerkennung auszudrücken.

4. Wenn Ihnen dann doch einmal harte oder verletzende Worte über die Lippen gekommen sind, ziehen Sie sich zurück und beruhigen sich erst einmal. Dann suchen Sie mit Ihrem Gegenüber das Gespräch und entschuldigen Sie sich (mehr zu diesem Thema finden Sie in Kapitel 2).

2

Gewähren Sie Ihrem Partner Einblick in Ihre Gefühle

Eine Beziehung oder eine Ehe kann nicht gedeihen, wenn beide Partner emotionale Mauern zwischen sich errichten. Solche Mauern werden Stein um Stein aufgebaut. Eine Frau sagte mir einmal: »Gestern hat mir mein Mann vorgeworfen, ich sei bequem, weil ich in unseren Mülleimer nicht sofort einen frischen Müllbeutel eingesetzt habe, nachdem ich den vollen entsorgt hatte. Das war sehr verletzend.« – »Hat er sich denn später dafür entschuldigt?«, fragte ich sie. »Nein, und das wird er wohl auch nicht«, gab sie zurück. So wurde ein (weiterer) emotionaler Mauerstein zwischen beiden Partnern gelegt. Ganz gleich, ob es sich dabei um kleinere oder größere Verletzungen handelt – wenn wir uns in unserer Beziehung nicht damit befassen, wird die Mauer immer höher. Viele Paare haben schon lange hohe Schutzwälle zwischen sich errichtet. Das sind oft die Paare, die eine Scheidung in Erwägung ziehen oder nur noch wie Zimmernachbarn nebeneinanderher leben. In äußeren Krisenzeiten, in denen wir mehr aufeinandergeworfen sind, machen uns diese Mauern das Zusammenleben nur noch schwerer.

Natürlich hat nicht jedes Paar eine hohe Mauer zwischen sich stehen. Aber in jeder Beziehung kommt es vor, dass wir uns gegenseitig verletzen, bewusst oder unbewusst. Jede dieser Verletzungen kann eine Barriere zwischen den beiden Partnern darstellen. Es gibt nur einen Weg, diesen Mauerstein, diese Barriere wieder zu entfernen: um Verzeihung bitten und dem andern vergeben. Wenn die Partner es versäumen, das zu tun, dann wird das Unrecht, das geschehen ist, zu einem ersten (oder weiteren) Stein der emotionalen Mauer. Wenn sie aber Schritte aufeinander zugehen und sich beim andern entschuldigen bzw. ihm verzeihen, dann kann die Partnerschaft ohne Barrieren gedeihen.

Ich bin davon überzeugt, dass dies grundlegend für eine gesunde, auf Dauer angelegte Beziehung ist. Natürlich gibt es nicht den perfekten Partner. Wir alle werden von Zeit zu Zeit aneinander schuldig. Als während einer Veranstaltung der Redner die Anwesenden fragte: »Kennt jemand einen perfekten Ehemann?«, hob ein Mann die Hand und antwortete: »Ja, der erste Mann meiner Frau!« Das entspricht in ungefähr meiner Beobachtung, dass meist die Ehemänner perfekt erscheinen, die schon verstorben sind und erst nach ihrem Dahinscheiden »heiliggesprochen« werden. Ich möchte es deutlich sagen: Wir müssen nicht perfekt sein, um in einer intakten Beziehung leben zu können. Aber wir müssen lernen, gut und wirkungsvoll mit unserem Versagen umzugehen.

Lassen Sie uns also über Entschuldigung und Vergebung sprechen. Wer hat uns beigebracht, den andern um Verzeihung zu bitten? Das werden zumeist unsere Eltern oder andere Menschen gewesen sein, die uns erzogen haben. Wenn beispielsweise der kleine Johnny seine Schwester stößt, weist seine Mutter ihn zurecht: »Johnny, so geht man nicht mit seiner Schwester um. Geh zu ihr und entschuldige dich.« Also sagt Johnny zu seiner Schwester: »Es tut mir leid!« Auch, wenn er es nicht ernst meint. Was wird später der erwachsene Johnny tun, wenn er seiner Partnerin wehgetan hat? Wahrscheinlich wird er sich ebenfalls mit einem »Es tut mir leid!« begnügen.

In einer Umfrage wurde festgestellt, dass ungefähr zehn Prozent der Befragten sich niemals für etwas entschuldigten. Die meisten von ihnen waren Männer, die noch von ihren Vätern gelernt hatten, dass sich ein echter Mann niemals entschuldigt. Immer wenn ich so etwas im Gespräch mit einem Mann höre, sage ich: »Ihr Vater ist sicher ein guter Mensch gewesen. Aber da war er offenbar schlecht informiert. Ein echter Mann kann es sich leisten, einen andern um Verzeihung zu bitten, wenn er einen Fehler gemacht hat. Und wissen Sie was? Er kann sogar vergeben, wenn ihm Unrecht geschah.«

Weil wir in unseren Elternhäusern jeweils Unterschiedliches gelernt haben, bringen wir auch unterschiedliche Auffassungen darüber mit, was es bedeutet, um Verzeihung zu bitten. Marys Mutter hatte ihr beigebracht, dass eine bedeutsame Entschuldigung ungefähr so auszusehen habe: »Das hätte ich nicht tun sollen. Es war falsch. Ich hoffe, du kannst mir vergeben?« Wenn sich nun also ihr Mann Johnny bei ihr mit den Worten »Es tut mir leid« entschuldigt, stellt das für sie keine ehrliche Bitte um Verzeihung dar. Wenn sich jemand bei uns entschuldigt, fragen wir uns letztlich doch alle, ob unser Gegenüber es wirklich ehrlich meint. Wenn wir zu der Überzeugung gelangen, dass es ehrlich gemeint ist, fällt es uns viel leichter, wirklich zu vergeben. Oft beurteilen wir die Aufrichtigkeit einer Entschuldigung anhand der Art und Weise, wie sie vorgebracht wird. Und die kann je nach Persönlichkeit ganz unterschiedlich sein, das haben wir auch in unserer Umfrage festgestellt. Die einen sagen zum Beispiel tatsächlich einfach nur: »Es tut mir leid.« Bitte belassen Sie es nicht dabei. Sagen Sie Ihrem Gegenüber, *was genau* Ihnen leidtut. »Es tut mir leid, dass ich so ausfallend geworden bin und dich angeschrien habe.« Verzichten Sie unter allen Umständen darauf, Ihrer Entschuldigung noch einen Nachsatz wie den folgenden hinzuzufügen: »Es tut mir leid, dass ich so ausfallend geworden bin und dich angeschrien habe, aber wenn du nicht ..., dann hätte ich nicht ...« Denn das ist keine Entschuldigung mehr, sondern eine Rechtfertigung, die sogar noch eine Anklage enthält.

Mit Ihrer Entschuldigung sollten Sie ausdrücken, dass Sie Verantwortung für Ihr Verhalten übernehmen.

So hat es Mary gemacht, als sie sagte: »Das hätte ich nicht tun sollen. Es war falsch.« Für manche Menschen besteht ein wichtiger Teil der Entschuldigung auch darin, Wiedergutmachung für ihr falsches Verhalten anzubieten: »Was kann ich tun, um es wiedergutzumachen?« Und andere möchten gerne hören, dass ihr Gegenüber bereit ist, sein Verhalten zu ändern: »Ich kann es selbst nicht leiden, wenn ich so bin, und ich möchte das auch nicht mehr. Ich weiß, dass mir das im vergangenen Monat auch schon genauso passiert ist. Kannst du mir helfen, mich zu ändern?« Eine Ehefrau erzählte mir einmal die folgende Geschichte: »Mein Mann hat einmal die Geduld verloren, als er unser Baby beruhigen wollte. Es schrie und schrie und hörte einfach nicht mehr auf, egal was er tat. Schließlich fuhr er es mit lauter Stimme an. Als ich das hörte, rannte ich entsetzt zu ihm und unserem Baby und schickte ihn aus dem Schlafzimmer. Zehn Minuten später klopfte er vorsichtig an der Tür und fragte, ob er hereinkommen dürfe. Mit Tränen in den Augen versicherte er mir dann, dass es ihm sehr leidtäte und er sich nie wieder so verhalten wollte. Wir überlegten uns daraufhin eine einfache Strategie. Immer wenn er wieder einmal in der Gefahr stand, dass er mit einem unserer Kinder die Geduld verlor, sollte er mir mit folgendem Satz ein Signal geben: ›Liebling, ich glaube, ich muss mal an die frische Luft …‹ So würde ich wissen, wie es um ihn stand, und konnte für ihn die Kinder übernehmen. Nach seinem Spaziergang würde er mir dann sagen: ›O.K., ich glaube, ich habe mich etwas abgekühlt. Wie kann ich dir mit den Kindern helfen?‹ Seitdem sind acht Jahre vergangen, in denen wir es so gehandhabt haben. Er ist öfter spazieren gegangen, hat aber nie wieder im Umgang mit den Kindern die Geduld verloren.«

Ob wir die Entschuldigung unserer Partner für ehrlich und ernst gemeint halten und sie annehmen, hat oft damit zu tun, dass wir eine sehr genaue Vorstellung davon haben, was unser Gegenüber als Entschuldigung vorbringen sollte und mit welchen Worten. Oft sagt der andere nämlich nicht genau das, was wir hören wollen, weil wir aus unserem Elternhaus eine andere Art der Entschuldigung gewohnt sind. Deshalb: Nutzen Sie die Zeit, in der Sie nun vielleicht beide mehr zu Hause sind, um sich zu erzählen, wie für Sie jeweils eine ernst gemeinte Bitte um Verzeihung aussieht. Und vielleicht verstehen Sie dann auch plötzlich, warum Ihnen die Entschuldigung Ihres Partners oft so oberflächlich vorkam, und können akzeptieren, dass sie dennoch ernst gemeint war. Lernen Sie auch selbst, wie Sie so um Verzeihung bitten können, dass Ihr Partner bzw. Ihre Partnerin gleich weiß, dass Sie es ernst meinen.

Vergebung

Eine Entschuldigung allein wird noch nicht die emotionale Barriere einreißen können, die durch die Verletzung entstanden ist. Es braucht auch eine Reaktion auf die Bitte um Verzeihung. Eine gesunde Reaktion wäre es, wenn der eine Partner dem anderen vergeben kann. Vergebung ist eine Entscheidung. Wenn Sie sich dazu entscheiden, Ihrem Gegenüber nicht zu vergeben, bleibt die emotionale Mauer zwischen Ihnen bestehen und behindert Ihre Beziehung. Vergebung aber bedeutet, zu verzeihen und die Barriere zu beseitigen. Wenn Sie vergeben, drücken Sie damit aus, dass Sie sich entschieden haben, Ihrem Partner oder Ihrer Partnerin das Vergehen nicht mehr nachzutragen. Sie werden Ihr Gegenüber nicht für den Rest des Lebens dafür »bezahlen« lassen. Das Hindernis wird abgebaut, Sie können wieder zueinanderfinden und gemeinsam nach vorn schauen.

Beachten Sie aber, dass es einige Dinge gibt, die durch die vorhandene Vergebungsbereitschaft nicht bewirkt werden können. So kann Vergebung z. B. nicht die Erinnerung an die Verletzung durch Ihren Partner auslöschen. Vielleicht haben Sie andere schon mal sagen gehört: »Wenn du nicht vergessen kannst, dann hast du noch nicht vergeben.« Das entspricht nicht der Wahrheit. Denn alles, was uns jemals widerfahren ist, wird in unserer Erinnerung gespeichert. Selbst nachdem wir vergeben haben, können wir von Zeit zu Zeit von der Erinnerung an das Fehlverhalten unseres Partners überfallen werden. Vergebung löscht auch nicht einfach die Gefühle aus, die bei der Erinnerung an ein bestimmtes Ereignis in uns aufsteigen. Das können z. B. Gefühle wie Verletztheit, Ärger oder Sorge sein. Wie gehen wir nun aber mit aufsteigenden Erinnerungen und Emotionen um? Wir machen uns bewusst, dass sich unser Partner bei uns entschuldigt hat und dass wir ihm verziehen haben. So erlauben wir den Erinnerungen und Gefühlen nicht, unser Verhalten zu beeinflussen und schon eingerissene Barrieren neu zu errichten. Stattdessen bemühen wir uns, unserem Partner Liebe entgegenzubringen und ihm etwas Gutes zu tun. Ihre liebevollen Worte und Gesten werden sich heilsam auf Ihre Beziehung auswirken und Sie setzen so Ihren negativen Gefühlen etwas Positives entgegen.

Vergebung führt nicht automatisch dazu, dass Vertrauen wieder aufgebaut wird. Eine Dame erzählte mir einmal unter Tränen in meinem Büro: »Mein Mann hat mich mit einer anderen Frau betrogen. Er hat dann das Verhältnis beendet und mich um Verzeihung gebeten. Ich habe ihm auch vergeben und wir wollen an unserer Beziehung arbeiten, aber, um ehrlich zu sein … ich kann ihm nicht mehr vertrauen.« Ich gab ihr zur Antwort: »Das verstehe ich sehr gut. Vergebung baut das Vertrauen nicht unbedingt wieder auf. Sie öffnet erst einmal die Tür für die Möglichkeit, dass neues Vertrauen entstehen kann. Erst mit der Zeit, wenn Ihr Mann sich als vertrauenswürdig erweist, wird Ihr Vertrauen wieder wachsen.« Dem Mann dieser Dame gab ich die Empfehlung, seiner Frau gegenüber sein Leben offenzulegen. So könnte er ihr z. B. anbieten: »Du kannst jederzeit auf meinem Laptop und meinem Smartphone nachsehen, mit wem ich in Kontakt stehe. Und wenn ich dir sage, dass ich zum Fitnessstudio gehe, kannst du gerne vorbeischauen und sehen, ob ich auch wirklich da bin. Ich möchte dich nicht mehr täuschen. In der Vergangenheit habe ich dich tief verletzt. Aber das möchte ich nie wieder tun. Deshalb will ich von nun an wie ein offenes Buch für dich sein.«

Wenn der Mann sein Versprechen einhält, dann stehen die Chancen gut, dass ihm seine Frau eines Tages wieder ganz vertrauen kann. Bis dahin können beide weiterhin an ihrer Ehe arbeiten, indem sie die fünf Wege zur Verbesserung und Bereicherung einer Partnerschaft einüben, die in diesem Buch vorgestellt werden.

Sicher verstehen Sie nun ein wenig besser, warum ich denke, dass die aufrichtige Bitte um Verzeihung und der Wille zur Vergebung so grundlegend für eine gelingende, auf Dauer angelegte Beziehung sind. Wenn Sie nun in einer Krisenzeit wie der Corona-Pandemie merken, dass es in Ihrer Partnerschaft eine emotionale Mauer oder Barriere gibt, dann sollten Sie die Zeit nutzen, um die Mauer abzutragen. Gehen Sie in sich, überlegen Sie, wo Sie in der Vergangenheit an Ihrem Partner schuldig geworden sind, und schreiben Sie diese Situationen auf. Sprechen Sie dann mit Ihrem Partner oder Ihrer Partnerin: »Ich habe über uns beide nachgedacht und mir ist klar geworden, dass ich dir in vielerlei Hinsicht wehgetan habe. Ich fühle mich schlecht deswegen, denn du hast es nicht verdient, so behandelt zu werden. Ich habe mir aufgeschrieben, an was ich mich noch erinnere. Wenn ich darf, würde ich diese Situationen gerne mit dir teilen und dich bitten, mir zu vergeben. Ich möchte den Schmerz, den ich bei dir verursacht habe, wiedergutmachen. Natürlich kann ich nicht ungeschehen machen, was passiert ist. Aber ich möchte mich gerne ändern. Und bitte sag mir, wenn es noch etwas gibt, das mir nicht aufgefallen ist. Ich möchte mich wirklich gerne meinem Fehlverhalten stellen und der Partner werden, den du verdienst.« Eine solche aufrichtige Entschuldigung kann der erste Schritt sein, um die emotionale Entfremdung zwischen Ihnen zu beseitigen, weil Ihr Gegenüber Ihre Entschuldigung annimmt und sich entscheidet, Ihnen zu vergeben. Natürlich kann es sein, dass Ihr Partner oder Ihre Partnerin erst einmal etwas Zeit braucht, um darüber nachzudenken, was Sie gesagt haben, und es emotional und gedanklich zu verarbeiten. Denken Sie daran: Vergebung zu gewähren, das ist eine Entscheidung, genauso wie es einen bewussten Entschluss braucht, unser Gegenüber um Verzeihung zu bitten. Beides ist wichtig, um die Mauer zwischen den Partnern Stein um Stein abzutragen.

Viele von Ihnen haben aber vielleicht gar keine emotionale Barriere zwischen sich, weil sie ein eventuelles Fehlverhalten des andern ohne Umschweife ansprechen oder sich ihm stellen, sobald es auftritt. Aber auch für Sie gilt: Vielleicht hilft Ihnen dieses Kapitel, noch besser mit gegenseitigem Fehlverhalten umzugehen. Gerade unter dem emotionalen Druck, den eine Krisenzeit mit sich bringt, sagen und tun wir schnell Dinge, die den andern verletzen. Je eher es uns dann gelingt, um Vergebung zu bitten und zu verzeihen, desto besser können wir die Vorschläge umsetzen, die ich in den folgenden Kapiteln machen werde.

Was aber können Sie tun, wenn Ihr Partner sich eigentlich so gut wie nie bei Ihnen entschuldigt? Ich finde es angebracht, dass Sie Ihr Gegenüber dann geduldig und liebevoll mit seinem Fehlverhalten konfrontieren. Sie könnten zum Beispiel sagen: »Einmal angenommen, mir brennt etwas auf der Seele ... wäre nun eine gute Zeit, mit dir darüber zu sprechen?« Wenn Ihr Gegenüber bereit ist zuzuhören, könnten Sie fortfahren: »Vielleicht habe ich das ja auch falsch interpretiert, aber es gibt da etwas, was mich wirklich verletzt hat ...« Erzählen Sie davon, welches Verhalten oder welche Worte Ihres Partners Sie so getroffen haben. Fragen Sie: »Kannst du nachvollziehen, warum mich das verletzt hat? Wenn ich da etwas falsch interpretiert habe, erkläre es mir bitte.« Auf diese Weise konfrontieren Sie den Partner geduldig und liebevoll mit seinem falschen oder zumindest missverständlichen Verhalten. So geben Sie Ihrem Gegenüber auch die Möglichkeit, sich zu erklären bzw. sich für das eigene Verhalten zu entschuldigen. Wenn Sie sich gegenseitig Einblick in Ihre Gefühle geben, dann können Sie die emotionale Entfremdung abbauen und gemeinsam nach vorn blicken. Wenn Sie so vorgehen und an Ihrer Beziehung arbeiten, ist das die klügste Entscheidung, die Sie treffen können.

Wie bereits erwähnt: Sie können Ihren Partner nicht dazu zwingen, sich zu entschuldigen. Genauso wenig können Sie dazu gebracht werden, Ihrem Gegenüber zu vergeben. Aber Sie können Ihren Partner liebevoll auf sein Verhalten ansprechen und einander Einblick in Ihre Gefühle gewähren. Diese Art, miteinander Konflikte anzugehen, ist wesentlich gesünder und produktiver, als alles in sich »hineinzufressen« und wütend und bitter zu werden. Das würde nämlich nur dazu führen, dass irgendwann alles aus Ihnen herausbricht – und dann wäre es mit einem Mal an *Ihnen*, sich zu entschuldigen.

Eine gesunde Partnerschaft lebt davon, sich gegenseitig zu sagen, wenn Sie sich ungerecht behandelt fühlen. Wenn Sie also diesen Weg einschlagen möchten, dann haben Sie bereits einen großen Schritt dahingehend getan, Ihrer Ehe neues Leben einzuhauchen.

Praktische Tipps:

1. Wenn Sie und Ihr Partner bzw. Ihre Partnerin dieses Kapitel gelesen haben, nehmen Sie sich bewusst Zeit, um sich gegenseitig zu erzählen, wie für Sie jeweils eine glaubwürdige Bitte um Verzeihung aussieht. Reden Sie darüber, wie Sie in der Vergangenheit damit umgegangen sind, wenn Sie einander wehgetan haben. Und überlegen Sie gemeinsam, was Sie in Zukunft besser machen könnten.

2. Fragen Sie einander: »Wo habe ich dich in der vergangenen Zeit verletzt, ohne mich dafür entschuldigt zu haben? Wenn es da etwas gibt, sag es mir bitte und gib mir die Gelegenheit, es wiedergutzumachen. Ich möchte gerne, dass unsere Beziehung intakt ist.«

3. Fragen Sie einander: »Wenn du dich in der Vergangenheit für etwas bei mir entschuldigt hast – habe ich dir das Gefühl gegeben, dass ich deine Entschuldigung angenommen und dir auch wirklich vergeben habe?«

4. Fragen Sie einander: »Welche Einsichten wollen wir aus diesem Kapitel für unsere Ehe/unsere Partnerschaft mitnehmen und umsetzen?«

Wenn Ihr Partner bzw. Ihre Partnerin dieses Kapitel nicht gelesen hat und auch an einem Austausch darüber nicht interessiert ist, wie wäre es, wenn Sie einfach selbst den ersten Schritt tun und sich für Ihre Fehler entschuldigen? Vielleicht denken Sie jetzt, dass doch Ihr Partner zu 95 Prozent an den Problemen in Ihrer Beziehung schuld ist. Selbst wenn das so ist: Beginnen Sie damit, Verantwortung für »Ihre« fünf Prozent zu übernehmen. Wenn Sie mit gutem Beispiel vorangehen, signalisiert das Ihrem Gegenüber, dass etwas in Ihrem Herzen und in Ihren Gedanken in Bewegung kommt. Vielleicht haben Sie in der Vergangenheit nicht mit harten, kritischen Worten gespart. Umso erstaunter wird Ihr Gegenüber sein, wenn Sie nun einen versöhnlicheren Ton anschlagen und beginnen, für Ihr eigenes Fehlverhalten um Verzeihung zu bitten. Wenn Sie es sich zunehmend zur Gewohnheit machen, sich gleich zu entschuldigen, nachdem Sie Ihren Partner verletzt haben, wird sich das positiv auf das Verhalten Ihres Gegenübers auswirken. Und vielleicht wird Ihr Partner mit der Zeit selbst damit beginnen, eigenes Fehlverhalten einzusehen, und Sie dafür um Entschuldigung bitten. Unterschätzen Sie niemals die positive Auswirkung, die es auf Ihre Partnerschaft haben kann, wenn Sie selbst mit gutem Beispiel vorangehen.

3

Entdecken und sprechen Sie die Liebessprache Ihres Partners

Manche von Ihnen haben vielleicht mein Buch »Die 5 Sprachen der Liebe – Wie Kommunikation in der Partnerschaft gelingt« gelesen. Mittlerweile sind weltweit über 13 Millionen Exemplare in über 50 verschiedenen Sprachen verkauft worden. Viele Paare haben mir erzählt, dass dieses Buch Ihre Partnerschaft gerettet hat. Sollten Sie es kennen, dann betrachten Sie die folgenden Seiten als eine Erinnerung, der Liebessprache Ihres Partners bzw. Ihrer Partnerin in einer Zeit der Krise verstärkt Ihre Aufmerksamkeit zu widmen. Wenn Sie das Buch nicht kennen sollten, dann nehmen Sie dieses Kapitel als eine Einführung in das Konzept der Liebessprachen und eine Chance, die »Muttersprache der Liebe« Ihres Partners zu entdecken.

Die meisten von uns haben sicher in ihrem tiefsten Inneren das Bedürfnis, von den Menschen geliebt zu werden, die uns nahestehen. Wenn wir in einer Ehe bzw. Partnerschaft leben und uns von unserem Gegenüber zutiefst geliebt fühlen, dann ist das Leben wunderbar. Auch mit Krisen und dem damit verbundenen steigenden Druck können wir dann besser umgehen. Wenn wir uns allerdings von unserem Partner ungeliebt fühlen, kann das Leben ganz schön düster aussehen und Zeiten der Krise können unsere Beziehung dann ernsthaft gefährden.

Viele von uns können sich noch daran erinnern, wie es war, als wir unseren Partner kennengelernt und uns ineinander verliebt haben. Das Hochgefühl der Verliebtheit ließ unsere Beziehung leicht und mühelos erscheinen. Unser Gegenüber erschien uns einfach nur wundervoll. Vielleicht haben Eltern oder Freunde uns auf manche Fehler oder die eine oder andere »Macke« aufmerksam gemacht, aber wir haben darüber hinweggesehen. So sagte vielleicht die Mutter zu ihrer Tochter: »Mein Kind, ist dir aufgefallen, dass dein Freund seit Jahren keine feste Stelle mehr hat?« Worauf die Tochter zur Antwort gab: »Warum hast du immer etwas an ihm auszusetzen? Er wartet einfach nur auf das richtige Jobangebot!« Wenn wir verliebt sind, sehen wir die Welt durch eine rosarote Brille.

Ich selbst erinnere mich noch recht gut an diese Zeit. Niemand hatte mir erzählt, dass die Phase der Verliebtheit im Schnitt nach zwei Jahren endet. Meine Frau und ich waren schon zwei Jahre befreundet, bevor wir geheiratet haben. So fiel unglücklicherweise das Ende meiner Verliebtheitsphase in die Zeit unmittelbar nach unserer Hochzeit. Ich gebe es zu – damals dachte ich: »Was habe ich bloß getan? Ich glaube, mir ist gerade der größte Fehler meines Lebens passiert.« Davon habe ich meiner Frau damals natürlich nichts erzählt. Ich wünschte, ich hätte da schon gewusst, was ich heute weiß: Es gibt zwei Phasen der romantischen Liebe: Die Phase der Verliebtheit, in der wir uns in unserer Beziehung einfach treiben lassen und schauen, wohin sie uns trägt. Die nächste Phase jedoch ist weitaus zielgerichteter.

Ich erinnere mich noch, wie ich am Chicagoer Flughafen einmal mit einer jungen Dame ins Gespräch kam, die ihren Verlobten besuchen wollte, der gerade nördlich von Chicago im Ausbildungszentrum der United States Navy stationiert war. Sie fragte mich nach meinem Beruf. Ich erzählte ihr, dass ich Eheberater sei und Paaren helfen würde, an ihrer Beziehung zu arbeiten. »Warum sollte man denn an einer Ehe arbeiten müssen?«, fragte sie mich ehrlich erstaunt. Da sie gerade verlobt und noch in der Phase der Verliebtheit war, erschien ihr der Gedanke absurd, in eine Beziehung »Arbeit« zu stecken.

Tatsächlich aber ist es enorm wichtig, dass wir in unsere Beziehung ganz bewusst und zielgerichtet Zeit, Gedankenkraft und Arbeit investieren, um nach dem Abklingen der Verliebtheit zu einer tieferen Liebe zu gelangen. Die Schwierigkeit dabei ist, dass wir automatisch von der Annahme ausgehen: Wodurch wir uns geliebt fühlen ist genau das, wodurch auch unser Partner sich geliebt fühlt. Leider ist das nicht richtig.

Ich erinnere mich noch gut daran, als ich diese Entdeckung vor vielen Jahren in meiner Beratungspraxis zum ersten Mal gemacht habe. Ich führte damals ein Gespräch mit einem Ehepaar, das seit dreißig Jahren verheiratet war. Die Frau sagte mir: »Ich fühle mich einfach nicht geliebt von ihm. Es kommt mir so vor, als würden wir in unserem Haus nur nebeneinanderher leben. Ich fühle mich total einsam und weiß nicht, wie lange ich das noch aushalte.«

Ich blickte zu ihrem Mann, der mit folgenden Worten reagierte: »Ich verstehe sie nicht. Ich tue doch schon alles, was ich nur kann, um ihr meine Liebe zu zeigen. Und trotzdem fühlt sie sich nicht von mir geliebt. Ich weiß einfach nicht mehr, was ich noch machen soll.« Meine Neugier war geweckt und so fragte ich ihn: »Was tun Sie denn, um Ihrer Frau zu zeigen, dass Sie sie lieben?« Er antwortete: »Da ich immer früher von der Arbeit zurück bin als sie, fange ich schon mal damit an, das Abendessen zu kochen. Manchmal ist es sogar schon fertig, wenn sie nach Hause kommt. Falls nicht, hilft sie mir noch. Nach dem Essen mache ich dann den Abwasch. Jeden Donnerstag sauge ich im ganzen Haus Staub und samstags wasche ich immer das Auto, mähe den Rasen und helfe ihr bei der Wäsche.« Als er immer noch mehr aufzählte, begann ich mich ernsthaft zu fragen, was überhaupt noch für seine Frau zu tun blieb. Es hörte sich so an, als würde er beinahe den gesamten Haushalt schmeißen. Als ich fragend zu seiner Frau hinüberblickte, sagte sie: »Er hat ja recht. Er bringt sich wirklich unglaublich viel im

Haushalt ein. Aber miteinander reden, das tun wir nie. Ich habe das Gefühl, dass wir seit zwanzig Jahren nicht mehr wirklich zusammen ein Gespräch geführt haben. Immer ist er gerade am Abspülen, ist im Garten beschäftigt, geht mit dem Hund raus oder macht irgendetwas anderes.«

Sicher haben Sie schon das Problem dieses Paares erfasst. Auf seine ganz eigene Weise versuchte dieser Mann – unter großem Einsatz – seiner Frau seine Liebe zu zeigen. Aber geliebt fühlte sie sich trotz allem nicht. In der Folge lernte ich noch weitere Paare kennen, denen es ähnlich ging.

Schließlich entschied ich mich, in den Aufzeichnungen meiner Beratungsgespräche der letzten Jahre nach einer Antwort auf die Frage zu suchen: »Was erwarten diejenigen, die sich von ihrem Partner nicht geliebt fühlen? Was haben sie auszusetzen?« Ich entdeckte, dass sich die Antworten fünf Kategorien zuordnen lassen, die ich später als die »5 Sprachen der Liebe« bezeichnete. Ich begann, mit diesem neuen Konzept zu arbeiten. So ermutigte ich z. B. den Ehepartner: »Wenn Sie möchten, dass Ihre Frau sich von Ihnen geliebt fühlt, müssen Sie damit anfangen, ihre Sprache der Liebe zu sprechen.« Und die Ehepartnerin forderte ich auf: »Wenn Sie möchten, dass sich Ihr Mann von Ihnen geliebt fühlt, beginnen Sie damit, ihm ihre Liebe in seiner Liebessprache zu zeigen.« Ich half den Partnern dabei, Ihre jeweilige Liebessprache zu entdecken, sie zu erlernen und zu praktizieren. Manchmal kamen die Paare schon nach drei Wochen wieder zu mir zum Gespräch und sagten: »Dieser Ansatz hat alles verändert – das Klima in unserer Partnerschaft hat sich enorm verbessert.«

Im Folgenden gebe ich Ihnen deshalb eine Zusammenfassung der »5 Sprachen der Liebe«. Stellen Sie sich während der Lektüre die Frage, welche Sprache für Sie persönlich die wichtigste ist.

Lob und Anerkennung – Bedenken Sie Ihren Partner mit lobenden, anerkennenden Worten, machen Sie Ihrer Partnerin Komplimente: »Du siehst heute in diesem Kleid besonders hübsch aus.« Oder: »Ich schätze sehr, was du für mich getan hast.« Und: »Weißt du, was ich an dir ganz besonders mag? Dein Lächeln. Wenn du mich anlächelst, sieht die Welt gleich ganz anders aus.« Oder auch: »Ich schätze deine Integrität und Ehrlichkeit. Ich weiß, dass du mir immer die Wahrheit sagst.« Ihre anerkennenden Worte können sich auf das Äußere Ihres Partners beziehen; oder auf etwas, das er für Sie getan hat; oder auf eine Charaktereigenschaft. Durch lobende und anerkennende Worte drücken Sie Ihrem Partner gegenüber Ihre Liebe aus. Sie können diese Worte aussprechen, aufschreiben oder sie sogar singen – wie Sie möchten. Erinnern Sie sich noch an den Vers aus dem Buch der Sprüche, den ich im 1. Kapitel erwähnte? »Die Zunge kann töten oder Leben spenden.« (Sprüche 18,21)

Für manche Menschen ist »Lob und Anerkennung« ihre Muttersprache der Liebe. Wenn man sie lobt, dann blühen sie erst so richtig auf, weil sie sich zutiefst geliebt fühlen. Bedenkt man sie stattdessen mit harten, kritischen Worten, bedeutet das für diese Menschen ein Stich ins Herz.

Hilfsbereitschaft – Tun Sie etwas für Ihren Partner bzw. ihre Partnerin, das er oder sie sich von Ihnen wünscht. Ein Essen zu kochen, fällt zum Beispiel unter »Hilfsbereitschaft«. Geschirr spülen, die Wäsche zusammenlegen, im Garten gießen, das Auto waschen, die Windeln wechseln ... Wenn Sie das tun, drücken Sie damit Ihre Hilfsbereitschaft aus. Der Mann, der seiner Frau alle möglichen Arbeiten im Haushalt abnahm, sprach diese Liebessprache. Viele Frauen würden sich von ihren Männern sehr geliebt fühlen, wenn diese so viel Hilfsbereitschaft an den Tag legten wie jener Mann. Doch dummerweise war er nicht mit einer dieser Frauen verheiratet. Die Liebessprache seiner Frau war eben nicht die Hilfsbereitschaft. Obwohl er versuchte, auf seine Weise seine Liebe zu ihr auszudrücken, verfehlten diese Liebesbekundungen ihr Ziel, weil sie darauf nicht sendete. Sie sprach eine andere Liebessprache.

Haben Sie schon einmal das alte Sprichwort gehört: »Taten sprechen lauter als Worte?« Das ist richtig, insofern die »Hilfsbereitschaft« die Muttersprache der Liebe ist. Aber das gilt nicht für jeden.

Geschenke, die von Herzen kommen – Geschenke als Ausdruck der Zuneigung und Liebe sind im Grunde eine »Universalsprache«. Bevor ich mich zum Paarberater ausbilden ließ, habe ich Kulturanthropologie studiert, ein Fach, das sich der Untersuchung menschlicher

Kulturen widmet. Während meines Studiums ist mir niemals eine Kultur untergekommen, in der das Überreichen von Geschenken nicht als Ausdruck der Zuneigung verstanden wurde. Das Geschenk signalisiert dem Empfänger: »Wie schön, dass ihr an mich gedacht habt. Schaut euch nur an, welch ein wunderbares Geschenk ich bekommen habe.«

Dabei braucht das Geschenk gar nicht mal teuer zu sein. So habe ich Männern schon des Öfteren vorgeschlagen, es kleinen Kindern gleichzutun, die für ihre Mutter einfach ein paar Gänseblümchen aus dem Garten oder ein paar Wiesenblumen pflücken. Nun müssen es ja nicht unbedingt Gänseblümchen sein, aber es darf sich durchaus auch einmal um schöne Blumen aus dem eigenen Garten handeln ... oder aus dem Garten des Nachbarn (wenn Sie ihn vorher fragen). Ein Mann erzählte mir einmal, dass er bei einem Spaziergang eine besonders schöne Vogelfeder fand. Er nahm sie mit und gab sie seiner Frau mit den Worten: »Liebling, als ich unterwegs war, habe ich diese wundervolle Feder gefunden. Ich musste sofort an dich denken. Du beflügelst mich, Schatz, und ich liebe dich sehr.« Damit hatte er voll ins Schwarze getroffen, denn die Muttersprache der Liebe seiner Frau waren Lob und Anerkennung. Und ihre zweitwichtigste Sprache der Liebe waren Geschenke, die von Herzen kommen.

Wenn Geschenke, die von Herzen kommen, die Muttersprache der Liebe Ihres Partners bzw. Ihrer Partnerin sind, dann legen Sie sich doch vielleicht eine Liste an und notieren sich alles, woran er oder sie Interesse zeigt. Wenn Sie zum Beispiel gemeinsam Fernsehen schauen und Ihr Gegenüber bei einer Produktwerbung plötzlich sagt »Oh, das ist ja eine super Sache!«, dann bestellen Sie das Produkt heimlich und überraschen Sie Ihren Partner damit. Wenn Sie Ihren Partner noch nicht so lange kennen, aber feststellen, dass seine Liebessprache Geschenke sind, dann holen Sie sich Rat bei seiner Herkunftsfamilie. Fragen Sie dort, womit Sie ihm eine Freude machen könnten. Wenn Sie gerade nicht so viel Geld zur Verfügung haben, dann wird Ihr Partner sicher nicht von Ihnen erwarten, dass Sie teure Geschenke machen. Vielleicht ist gerade die Lieblingssüßigkeit das ideale kleine Geschenk. Denken Sie daran: Das Geschenk ist einfach ein Zeichen dafür, dass Sie an Ihren geliebten Menschen gedacht haben. Das ist alles, was zählt.

Zweisamkeit: Die Zeit nur für dich – Lassen Sie Ihrem Partner Ihre ganze Aufmerksamkeit zuteilwerden. Damit meine ich nicht, dass Sie zusammen auf dem Sofa sitzen und Fernsehen schauen. Denn dann hat ja der Fernseher, nicht der Partner, Ihre ungeteilte Aufmerksamkeit. Und ich meine damit auch nicht, dass Sie beide gemeinsam am Esstisch sitzen und jeder von Ihnen auf seinen Laptop starrt. Ich meine stattdessen, dass Sie es sich gemütlich machen, kein Fernseher läuft und die Laptops und Smartphones ausgeschaltet sind. Sie schauen sich an und kommen miteinander ins Gespräch. Schenken Sie Ihrem geliebten Menschen Ihre ganze Aufmerksamkeit. Sie können auch gemeinsam einen Spaziergang machen und während des Laufens miteinander reden. Vielleicht sind Sie zu Beginn Ihrer Beziehung auch öfter zusammen essen gegangen, haben voneinander gehört und einander erzählt. Auch wenn das nun wegen der Pandemie nur unter Einschränkungen möglich ist, kann man es sich stattdessen auch auf dem eigenen Balkon gemütlich machen und man bestellt beim Italiener um die Ecke ein leckeres Menü. In absehbarer Zeit wird man vielleicht auch wieder unter Einhaltung der Abstandsregeln im Restaurant essen gehen können. In den letzten Jahren habe ich zunehmend beobachtet, dass Paare, die gemeinsam in einem Restaurant sitzen, kaum noch miteinander reden. Stattdessen schaut jeder auf sein Smartphone. Ich hoffe dann immer für sie, dass keiner der beiden Partner als Muttersprache der Liebe die Zweisamkeit hat.

Die Sprache der Zweisamkeit hat auch noch andere »Mundarten«. Sie könnten z. B. etwas unternehmen, das zumindest einem von Ihnen Spaß macht, und der andere entscheidet sich bewusst dafür. Für die Person, deren Muttersprache der Liebe die Zweisamkeit ist, spielt es im Grunde nicht so eine große Rolle, *was* Sie miteinander unternehmen. Wichtig ist nur, *dass* Sie Zeit miteinander verbringen. Das kann auch bedeuten, dass Sie zusammen den Garten neu anlegen. Oder es könnte heißen, den Dachboden oder die Garage miteinander aufzuräumen. Egal was es ist – entscheiden Sie sich dafür, Zeit mit Ihrem Partner zu verbringen und ihm Ihre ungeteilte Aufmerksamkeit zu schenken.

Zärtlichkeit – Das bedeutet, dass Sie Ihrem geliebten Menschen durch bedeutsame Berührungen Ihre Wertschätzung und Liebe zeigen. Das kann beinhalten, dass Sie sich einfach nur an den Händen halten oder sich umarmen; dass Sie Ihrem Partner oder Ihrer Partnerin sanft die Hand auf die Schulter legen, während Sie ihm oder ihr einen Kaffee bringen; dass Sie während einer gemeinsamen Autofahrt eine Hand auf das Knie Ihres Partners legen; dass Sie sich küssen oder miteinander schlafen. Im Grunde wissen wir alle, welche Kraft in der bedeutungsvollen, zärtlichen Berührung liegt. Deshalb wiegen wir Babys im Arm und streicheln sie behutsam, was dazu führt, dass sie sich von Grund auf geliebt und geborgen fühlen, lange bevor sie eine Vorstellung von »Zärtlichkeit« und »Liebe« haben.

Nun haben Sie in kompakter Form eine Vorstellung von den 5 Sprachen der Liebe bekommen. Jeder von uns hat eine davon als »Muttersprache«, denn eine dieser Sprachen berührt uns emotional tiefer als alle anderen. Natürlich empfangen wir die Liebe unseres Partners durch jede dieser 5 Sprachen, aber eine von ihnen ist bedeutsamer für uns als die übrigen. Es ist ganz ähnlich wie mit unserer Muttersprache und den Fremdsprachen, die wir im Lauf unseres Lebens dazulernen. Jeder von uns hat von klein auf eine bestimmte Sprache in einem bestimmten Dialekt gelernt. Diese Sprache verstehen wir am besten. Deshalb nennen wir das dann auch unsere »Muttersprache«, »Herkunftssprache« oder »Heimatdialekt«. Für die Liebe gilt dasselbe. Ich habe zwar schon öfter Leute sagen hören: »Ich glaube, ich habe zwei Muttersprachen der Liebe.« Darauf antworte ich dann meist: »Wenn Sie meinen – dann sind Sie eben ›zweisprachig‹.« Für die meisten von uns aber gilt, dass wir nur eine Sprache haben, die wir am besten verstehen.

Denken Sie jetzt bitte nicht, dass alle Männer »Zärtlichkeit« als ihre Muttersprache der Liebe sprechen. Ich sage das hier so ausdrücklich, weil viele Männer schnell dabei sind, zu sagen: »Ich kenne meine Liebessprache – Zärtlichkeit!« Damit meinen Sie dann in erster Linie den Liebesakt. Meist frage ich daraufhin: »Fühlen Sie sich denn auch geliebt, wenn Ihre Partnerin Sie auf nicht-sexuelle Weise berührt?« Oft sehen mich meine Gesprächspartner dann etwas irritiert an, so als ginge ihnen gerade die Frage durch den Kopf: »Gibt es tatsächlich auch nicht-sexuelle Berührungen?« Ich helfe Ihnen dann ein wenig auf die Sprünge und erkläre, was ich meine: »Nehmen wir einmal an, Sie gehen mit Ihrer Partnerin spazieren und sie ergreift Ihre Hand – hilft Ihnen das, sich geliebt zu fühlen?« Wenn mein Gesprächspartner dann antwortet: »Nein, das stört mich eher beim Spazierengehen«, versuche ich eine andere Variante: »Wie ist es denn, wenn Ihre Partnerin Ihnen einen Kaffee eingießt und dabei die Hand auf Ihre Schulter legt – fühlen Sie sich in diesem Moment von ihr geliebt?« Antwortet mein Gesprächspartner dann: »Nein, nicht wirklich«, weise ich ihn darauf hin: »Wissen Sie, dann ist Zärtlichkeit auch nicht Ihre Muttersprache der Liebe. Sie mögen es, mit Ihrer Frau zu schlafen. Aber zärtliche Berührungen sind nicht ihr ›Heimatdialekt‹.«

Es gibt keine Liebessprache, die nur von Frauen oder nur von Männern gesprochen wird. Jede der 5 Sprachen der Liebe kann die Muttersprache eines Mannes oder einer Frau sein. Für Ihre Beziehung ist es wichtig, dass Sie die Muttersprache der Liebe Ihres Partners entdecken und sich bewusst dafür entscheiden, diese regelmäßig zu »sprechen«. Damit meine ich nicht, dass Sie dann die anderen Liebessprachen getrost vernachlässigen können. Im Gegenteil: Sie sollten sie hier und da in Ihrer Partnerschaft zur Anwendung bringen. Auf diese Weise können Sie Ihrem Partner Ihre Liebe noch umfassender zeigen. Wenn Sie allerdings nie die Muttersprache der Liebe Ihres Partners, dafür aber alle anderen Liebessprachen sprechen, dann fühlt er sich nicht wirklich von Ihnen geliebt. Das zeigt das schon erwähnte Beispiel der Frau, die sich nicht von Ihrem Mann geliebt fühlte, obwohl dieser von der Liebessprache der Hilfsbereitschaft ausführlich Gebrauch machte. Da ihre Muttersprache die Zweisamkeit war, hatte sie an ihm auszusetzen, dass er sich nie Zeit für sie nahm und sie schon seit zwanzig Jahren kein ernsthaftes Gespräch mehr miteinander geführt hatten. Ihr Mann bemühte sich zwar aufrichtig, aber das führte zu nichts, weil er nicht die wichtigste Liebessprache seiner Frau sprach. Wenn wir unserer Partnerschaft neues Leben einhauchen wollen, dann müssen wir für den andern seine Muttersprache der Liebe lernen und sie im Alltag anwenden.

Wie entdecken wir nun aber diese eine Liebessprache? Ich möchte Ihnen gerne drei Möglichkeiten vorschlagen.

Erstens: Beobachten Sie Ihren Partner. Wie verhält er sich Ihnen und anderen Menschen gegenüber? Wenn er oft und gerne Geschenke macht, könnte das ein Hinweis darauf sein, dass er die Muttersprache »Geschenke, die von Herzen kommen« spricht, denn wir verwenden anderen gegenüber gerne die Sprache, mit der wir uns am wohlsten fühlen. Wenn Ihr Partner hingegen dadurch auffällt, dass er andere mit Worten bestätigt und ermutigt, dann ist wohl »Lob und Anerkennung« seine Muttersprache.

Zweitens: Achten Sie darauf, worüber sich Ihr Partner beschwert oder was er einfordert. Denn das gibt Ihnen einen wichtigen Hinweis auf seine Muttersprache der Liebe. Sagt Ihr Gegenüber zum Beispiel: »Wenn ich nicht immer die Initiative ergreifen würde, dann würdest du mich wohl nie berühren«, dann ist das ein deutlicher Hinweis darauf, dass Zärtlichkeit seine Muttersprache der Liebe ist. Und wenn Ihr Partner oder Ihre Partnerin sagt: »Ich wünschte, ich würde wenigstens ab und zu mal ein anerkennendes Wort von dir hören«, dann offenbart er oder sie damit, dass Lob und Anerkennung die wichtigste Liebessprache ist.

Drittens: Richten Sie Ihre Aufmerksamkeit darauf, worum Sie von Ihrem geliebten Menschen am häufigsten gebeten werden, denn immer wiederkehrende Bitten führen Sie auf die Spur seiner Muttersprache. Sagt er zum Beispiel öfter etwas wie: »Liebling, können wir nach dem Essen noch einen gemeinsamen Spaziergang machen?«, dann ist das ein Hinweis auf die Liebessprache der Zweisamkeit. Und wenn Ihr Partner Sie mit einem Augenzwinkern darum bittet, ihm von Ihrem Einkauf im Supermarkt auch eine Überraschung mitzubringen, deutet das auf »Geschenke, die von Herzen kommen« hin.

Wenn Sie diese drei Möglichkeiten ausschöpfen, kommen Sie der Liebessprache Ihres Partners auf die Spur. Darüber hinaus finden Sie im Anhang dieses Buches einen ausführlichen Liebessprachen-Test mit Auswertung zum Ausfüllen für sich und Ihren Partner bzw. Ihre Partnerin. Damit entdecken Sie zuverlässig nicht nur Ihre eigene Muttersprache der Liebe oder die Ihres Partners, sondern auch die jeweils zweit- und drittwichtigste Liebessprache. Empfehlen möchte ich Ihnen auch die Bücher »Die 5 Sprachen der Liebe für Familien«, »Die 5 Sprachen der Liebe für Teenager« und »Die 5 Sprachen der Liebe für Kinder« – denn stellen Sie sich nur vor, wie es die Atmosphäre in unseren Familien verändern würde, wenn wir um unsere jeweiligen Muttersprachen der Liebe wüssten und sie auch regelmäßig sprechen würden! So kann aus Zeiten der Krise wie z. B. der Corona-Pandemie etwas Gutes für unsere Partnerschaften und Familien erwachsen, indem wir die größere Zurückgezogenheit nutzen, um einander besser zu verstehen.

In diesem Kapitel habe ich Ihnen einige Tipps gegeben, wie es Ihnen gelingen kann, Ihrer Partnerschaft neues Leben einzuhauchen und die Liebe neu zu entfachen. Allerdings kann ich Sie nicht zur Umsetzung dieser Tipps überreden. Doch ich gehe davon aus – wenn Sie bis hierhin gelesen haben, dann sind Sie bereits dazu entschlossen und neu motiviert, an Ihrer Beziehung zu arbeiten. Es gibt nicht viele Dinge, die wichtiger sind, als den emotionalen Bedürfnissen Ihres Partners oder Ihrer Partnerin entgegenzukommen. Wenn auch Ihr Partner dieses Buch bis hierhin gelesen hat, werden sie beide schon auf die Spur Ihrer Liebessprachen gekommen sein und vielleicht schon damit begonnen haben, sie täglich zu praktizieren. Wenn Ihr Partner aber kein Interesse an diesen Tipps und Empfehlungen gezeigt hat, dann lassen Sie sich nicht entmutigen! Erinnern Sie sich daran, dass Ihr Vorbild Auswirkungen hat. Wenn Sie damit beginnen, die Liebessprache Ihres Partners zu sprechen, und das in den kommenden Monaten regelmäßig tun, werden Sie schließlich eine Veränderung im Verhalten Ihres Partners erleben können. Denn Liebe bringt Liebe hervor.

Davon konnte ich mich im Laufe meiner langjährigen Beratungstätigkeit schon mehrfach überzeugen: Sobald einer der Partner sich dazu entschied, zu lieben und diese Liebe in der Sprache auszudrücken, die sein Gegenüber spricht, wurde die Beziehung neu belebt. Vielleicht aber sind Sie innerlich so verzweifelt oder verletzt, dass Sie denken: »Dafür habe ich nicht mehr die Kraft. Und es würde ja wahrscheinlich auch nichts helfen. Er (sie) wird sich niemals ändern.« Ich möchte Sie ermutigen: Folgen Sie diesen Gefühlen und Gedanken nicht. Wählen Sie stattdessen eine positive Einstellung: »Vielleicht hilft es ja. Ich fühle mich zwar nicht danach, aber ich entscheide mich dafür, die Liebessprache meines Partners zu sprechen. Ich will für meinen Teil dazu beitragen, dass unsere Beziehung besser wird und gelingt.« Ich habe noch nie jemanden getroffen, der diese Entscheidung bereut hat.

Praktische Tipps:

1. Vielleicht wissen Sie schon, welche Muttersprache der Liebe Ihr Partner bzw. Ihre Partnerin spricht. Aber wie zuverlässig, wie regelmäßig haben Sie diese auch praktiziert? Schätzen Sie Ihre Bemühungen auf einer Skala von 0 bis 10 ein. Wie können Sie noch heute damit beginnen, etwas daran zu verbessern?

2. Wenn Ihnen die Liebessprache Ihres Partners nicht bekannt ist, versuchen Sie diese mithilfe der drei Möglichkeiten herauszufinden, die ich in diesem Kapitel vorgestellt habe. Sie könnten auch gemeinsam mit Ihrem Partner den Liebessprachen-Test machen.

3. Wie sehr – auf einer Skala von 0 bis 10 – fühlen Sie sich von Ihrem Partner geliebt? Und ... würden Sie sich zutrauen, Ihren Partner genau das zu fragen: »Wie sehr – auf einer Skala von 0 bis 10 – fühlst du dich von mir geliebt? Was kann ich tun, damit es besser wird?« Die Antwort darauf wird Ihnen wahrscheinlich einen Hinweis darauf liefern, welche Muttersprache der Liebe Ihr Partner spricht, selbst wenn er dieses Kapitel nicht gelesen hat.

4. Wenn auch Ihr Partner dieses Kapitel gelesen hat, dann setzen Sie sich zusammen und reden Sie über die Liebessprachen. Halten Sie gemeinsam Rückschau und erzählen Sie sich gegenseitig, warum Sie sich in den vergangenen Jahren geliebt oder ungeliebt gefühlt haben. Vielleicht können Sie sich versprechen, in dieser Zeit der Krise ganz besonders darauf zu achten, die Muttersprache der Liebe Ihres Gegenübers zu sprechen.

5. Falls Ihr Partner dieses Kapitel nicht gelesen hat und auch nicht daran interessiert ist, dann ermutige ich Sie, für sich die Entscheidung zu treffen, die Liebessprache Ihres Partners während der nächsten Monate regelmäßig zu sprechen. Warten Sie ab, was geschieht. Denken Sie daran, dass Ihr Vorbild einen guten Einfluss ausübt. Es ist durchaus wahrscheinlich, dass Ihre Liebe auch Gegenliebe hervorruft.

4

Betrachten Sie sich als Team

Ehe und Partnerschaft sind ein »Teamsport«. Erfolgreiche Paare haben es gelernt, als Team zusammenzuarbeiten. Im Mannschaftssport haben nicht alle Teammitglieder dieselben Aufgaben, aber sie arbeiten auf ein gemeinsames Ziel hin. Und der Erfolg der Mannschaft hängt davon ab, wie zuverlässig jedes Teammitglied seine Aufgabe erfüllt. Die Ehe bzw. Partnerschaft ist ein Zweierteam. Wir haben uns dafür entschieden, das Spiel des Lebens gemeinsam mit dem Partner aufzunehmen. Im Alltag gibt es für beide Partner viele kleine und große Aufgaben gemeinsam zu bewältigen. Mit der Zeit hat man sich als Team eingespielt, aber vielleicht erinnern Sie sich noch an die Frühphase Ihrer Beziehung, als Sie erst einmal gemeinsam überlegt und entschieden haben, wer welche Aufgaben übernehmen kann.

Manche unserer Entscheidungen waren damals

an das Modell angelehnt, das wir bei unseren Eltern kennengelernt haben. Wenn in der Herkunftsfamilie hauptsächlich die Mutter das Kochen übernommen hat, dann sieht die Tochter das vielleicht auch als eine ihrer Aufgaben in der späteren Partnerschaft an. Wenn in der Herkunftsfamilie der Vater immer das Sagen hatte, dann sieht der Sohn das vielleicht auch als seine Aufgabe in einer Beziehung. Das kann natürlich zu Konflikten führen. Deswegen habe ich jungen Menschen, die ich auf dem Weg in eine Partnerschaft begleitete, oft geraten, sich erst einmal in einer Liste alle Aufgaben zu notieren, die im täglichen Miteinander im gemeinsamen Haushalt anfallen. Wenn sie sorgfältig waren, kam meist eine sehr lange Liste dabei heraus. Darauf standen zum Beispiel Dinge wie der Einkauf von Lebensmitteln, das Kochen, das Abspülen, Staubsaugen, Wischen, Bäder putzen, den Rasen mähen, das Auto in die Waschanlage fahren, das Überweisen von Rechnungen, über die Ein- und Ausgaben Buch führen etc. Dann riet ich dem betreffenden Paar, dass jeder für sich diese Liste ausfüllen und entweder seinen Namen oder den des Partners hinter die einzelnen Aufgaben setzen sollte. Welche der Aufgaben gingen jedem persönlich leicht von der Hand? Welche würde man hingegen am liebsten dem Partner überlassen? Was könnte gemeinsam mit dem Partner erledigt werden? In diesem Fall sollte das Paar den Namen desjenigen unterstreichen, der die Hauptverantwortung für diese Aufgabe übernehmen sollte.

In einem weiteren Schritt sah ich mir dann zusammen mit dem jungen Paar die beiden Listen an. Für die Aufgaben, bei denen keine Übereinstimmung bestand und jeder den Namen des anderen eingetragen hatte, standen nun »Verhandlungen« an. So fragte ich zum Beispiel die Frau: »Warum haben Sie für das Badputzen Ihren Mann vorgeschlagen?« Oft bekam ich dann zur Antwort: »Das hat mein Vater bei uns zu Hause auch immer übernommen.« Der Mann hingegen hatte seine Partnerin für diese Aufgabe vorgeschlagen, weil in seiner Herkunftsfamilie immer seine Mutter für die Sauberkeit im Badezimmer verantwortlich gewesen war. So stand das junge Paar nun vor der Herausforderung, sich zu überlegen, wie es in der eigenen Beziehung laufen sollte. Manche Paare kamen dann zu einer scheinbar einfachen Lösung »Wir sollten uns abwechseln!« In diesem Fall hakte ich nach: »Will dann jeder von Ihnen einen Monat übernehmen? Oder eine Woche? Und wer von Ihnen fängt an?« So wurde schnell deutlich, dass man auch in einem Zweierteam gute Absprachen braucht und man miteinander verhandeln muss, wer welche Rolle übernimmt. Auch wenn es zunächst etwas anstrengend erscheint – die Paare, die sich frühzeitig darüber verständigen, haben es im weiteren Verlauf ihrer Beziehung einfacher.

Auch wenn wir in der Partnerschaft zunächst einmal Aufgaben und Rollen festlegen, bedeutet das ja nicht, dass diese für immer in Stein gemeißelt sind. Häufig stellt sich erst im Laufe der Zeit heraus, welcher der Partner etwas besonders gut kann oder gerne macht, sodass sich die Aufgabenverteilung im Zweierteam noch einmal ändert. Zu Beginn meiner Ehe zum Beispiel hatte meine Frau Karolyn die Aufgabe übernommen, die anfallenden

Rechnungen zu überweisen und den Überblick über unsere Finanzen zu behalten. Nach vier Monaten fragte sie mich: »Liebling, würde es dir etwas ausmachen, wenn du diese Aufgabe übernimmst?« – »Das kann ich gerne tun«, antwortete ich, »aber warum fragst du?« – »Von dieser Aufgabe bekomme ich einen nervösen Magen«, sagte sie. Das verstand ich sofort. Ich studierte noch, wir arbeiteten beide in Teilzeit und unser Einkommen war ziemlich mager. Also übernahm ich die Aufgabe von ihr und habe sie seitdem nicht mehr abgegeben. Wichtig ist, dass jedes Teammitglied sich so positioniert, dass das Zweierteam zum Erfolg geführt wird.

Lassen Sie uns nun etwas persönlicher werden. Wie haben Sie in Ihrer Beziehung die Aufgaben verteilt? Haben Sie das gleich zu Beginn entschieden, als feststand, dass Sie eine feste Partnerschaft eingehen, oder haben sich die unterschiedlichen Aufgabenbereiche mit der Zeit herauskristallisiert? Manche Paare haben mir im Rückblick auf diese Zeit erzählt: »Zu Beginn hatten wir gerade bei der Rollen- und Aufgabenverteilung ziemliche Probleme.« Manchmal geben die Paare sogar zu: »Im Grunde haben wir immer noch Probleme damit.« Der eine Partner mag vielleicht den Eindruck haben, dass er im Zweierteam eine größere Last schultert als der andere, und die Verteilung der Aufgaben als ungerecht empfinden. Häufig führt diese unterschiedliche Wahrnehmung der »Lastenverteilung« in einer Partnerschaft zu Konflikten (über eine konstruktive Weise, mit Konflikten umzugehen, werden wir im nächsten Kapitel ausführlicher sprechen). Doch lassen Sie uns für den Moment annehmen, dass Sie sich im Großen und Ganzen mit Ihrem Gegenüber auf eine gute Aufgabenverteilung geeinigt haben und dass Sie als Zweierteam im Spiel des Lebens gut zurechtkommen. Nun, zumindest so lange, bis …

… die Corona-Pandemie über uns alle hereinbrach und das Spielfeld des Lebens sich mit einem Mal ganz anders darstellte. Für Sie und Ihr Gegenüber bedeutete das zum Beispiel, dass sich die morgendlichen Abläufe in Ihrem Haushalt veränderten. Vielleicht konnten Sie plötzlich beide nicht mehr an Ihren Arbeitsplatz gehen. Oder einer von Ihnen musste ins Homeoffice, der andere verlor vielleicht sogar seinen Job. Vielleicht arbeiten Sie auch beide immer noch im Homeoffice oder sind in Kurzarbeit oder noch schlimmer, Sie haben beide Ihre Arbeit verloren. Und weil einer von Ihnen eher ein Frühaufsteher ist und der andere lieber ausschläft und nun ja auch nicht zur Arbeit muss, hat sich die Morgenroutine mit einem Schlag verändert. Und jeden Tag beginnen Sie mit einem Gefühl der Unsicherheit, denn die Welt ist plötzlich eine andere und Sie haben ihre neue Rolle im Spiel des Lebens noch nicht gefunden.

Wenn Sie Kinder haben, stellt sich das Spielfeld noch viel verwirrender dar. Derjenige von Ihnen, der immer die Kinder zur Schule gebracht hat, kann nun diesen Teil seiner Aufgaben nicht mehr erfüllen. Derjenige, der immer das Frühstück für die Kinder gemacht hat, schläft nun vielleicht länger und der andere versucht herauszufinden, wie man den hungrigen Nachwuchs satt bekommt. Derjenige von Ihnen, der den Kindern das Pausenbrot gemacht hat, hat diese Aufgabe nun verloren. Und wenn die Kinder immer in der Schule ihr Mittagessen bekommen haben, muss das nun zu Hause organisiert werden. Das könnte ich nun immer weiter fortsetzen, aber Sie wissen ja selbst am besten, wie sehr sich Ihr Alltag und Ihre Rolle darin verändert hat. Mit einem Mal befinden Sie sich in einer neuen Lebenswirklichkeit und kaum etwas ist noch so klar umrissen wie vor der Krise.

In diesem Kapitel soll es deshalb darum gehen, dass wir einen Schritt zurücktreten und gemeinsam unsere jeweilige Rolle im Zweierteam überdenken und gegebenenfalls neu definieren. Dafür möchte ich Ihnen gerne einige hoffentlich für Sie hilfreiche Empfehlungen geben. Doch zunächst will ich Sie fragen, wie es Ihnen mit den Übungen und Tipps aus den Kapiteln 1 bis 3 ergangen ist. Ist es Ihnen zum Beispiel gelungen, einen verbalen Waffenstillstand mit Ihrem Partner zu vereinbaren? Konzentrieren Sie sich darauf, kritische Worte durch Komplimente zu ersetzen? Wenn Sie sich dennoch einmal zu verletzenden Worten haben hinreißen lassen – haben Sie sich bei Ihrem Partner oder Ihrer Partnerin entschuldigt? Haben Sie sich vorgenommen, die Liebessprache Ihres Partners zu entdecken und sie regelmäßig zu sprechen? Wenn Sie diese Empfehlungen umsetzen, dann sorgen Sie in Ihrer Partnerschaft für eine gesunde Atmosphäre, in der es sich leichter über Ihre sich verändernden Rollen reden lässt.

Wenn Sie sich nun damit beschäftigen, wie Sie Ihre jeweiligen Rollen neu verteilen oder definieren müssen, dann beginnen Sie am besten mit einer Frage, nicht mit einer vermeintlich sachlichen Feststellung, hinter der sich eigentlich ein versteckter Befehl verbirgt. Das macht einen großen Unterschied. Sie könnten zum Beispiel so ins Gespräch einsteigen: »Liebling, ich weiß, dass wir beide uns erst an die neue Situation gewöhnen müssen. Was macht dir den meisten Stress und was kann ich tun, um dir da zu helfen?« Vermeiden Sie auf jeden Fall ein dominantes Auftreten, indem Sie sagen: »Du musst jetzt für unsere Kinder mehr Verantwortung übernehmen. Ich kann das nicht alles allein schultern.« Die Frage klingt liebevoll, die vermeintlich sachliche Feststellung hingegen eher wie eine Forderung. Stellen Sie sich vor, Ihr Partner würde den ersten Ansatz wählen, um mit Ihnen ins Gespräch zu kommen. Wie würden Sie reagieren? Und was würde es in Ihnen auslösen, wenn er sich für den zweiten Ansatz entscheiden würde? Fragen öffnen Ihrem Partner die Tür, um mit Ihnen offen über die eigenen Gefühle, Probleme und Vorschläge zu reden. Mit einer verkappten Forderung hingegen teilen Sie dem andern zunächst einmal Ihre eigenen Gefühle und Frustrationen mit, was eher dazu führt, dass Ihr Partner unvorbereitet davon getroffen wird und vorsichtshalber erst einmal in die Defensive geht. Verstehen Sie mich nicht falsch: Natürlich sollte Ihr Partner wissen, wie es Ihnen geht. Aber wichtiger ist es, dass Sie zunächst signalisieren, dass Sie offen für die Gedanken und Gefühle Ihres Gegenübers sind. Wenn Sie Ihrem Partner einfühlsame Fragen stellen und Ihren Wunsch ausdrücken, ihm zu helfen, dann schafft das eine Atmosphäre, die Ihr Gegenüber zu einem ähnlichen Verhalten inspiriert.

Lassen Sie mich Ihnen von Doro und Robert erzählen: Bevor die Corona-Pandemie die meisten von uns dazu zwang, zu Hause zu bleiben, war es eine von Doros Aufgaben, ihrer Familie das Frühstück zu machen. Danach ging sie aus dem Haus und machte sich auf den Weg zur Arbeit. Ihr Mann Robert half den Kindern, sich anzuziehen, und brachte sie dann zur Schule. Von da aus fuhr er weiter zu seiner Arbeitsstelle. Doro und Robert waren ein eingespieltes Team. Doro war zwar eigentlich eher ein Nachtmensch und eine Langschläferin, aber wegen ihres Berufes war sie dazu gezwungen, morgens früh aufzustehen. Und so ging alles seinen Gang. Durch die Pandemie jedoch waren nun alle gezwungen, zu Hause zu bleiben. So gewöhnte Doro sich daran, morgens etwas länger zu schlafen. Doch die Kinder saßen zur üblichen Zeit am Frühstückstisch. Doro ärgerte sich darüber, dass sie nicht wenigstens einen der wenigen Vorteile der neuen Situation genießen konnte. Als Robert sie dann fragte: »Was macht dir den meisten Stress und was kann ich tun, um dir zu helfen?«, öffnete sie sich ihm sofort und bat ihn, für einige Zeit die Zubereitung des Frühstücks zu übernehmen. Für Robert als geborenen Frühaufsteher war das kein Problem. Doro war überglücklich: »Du bist wirklich der allerbeste Ehemann der Welt!« Da Roberts Muttersprache der Liebe »Lob und Anerkennung« war, füllte sich sein »Liebestank« durch die anerkennenden Worte seiner Frau. Wenn Robert seine Frau nicht gefragt hätte, wäre es Doro vielleicht noch eine weitere Woche gelungen, ihre Frustration und ihren Ärger in sich hineinzufressen. Aber dann wäre sie wahrscheinlich irgendwann explodiert und hätte sich beschwert: »Ich verstehe nicht, warum du nicht auch mal das Frühstück für die Kinder machen kannst, damit ich einfach etwas länger schlafen kann. Das ärgert mich total!« Das hätte die Atmosphäre in ihrer Familie sehr belastet und hätte auch ihrer Ehe geschadet.

Um Ihre Zusammenarbeit im Team und Ihre Rollen neu zu definieren, kann auch das Folgende eine Hilfe sein: Nehmen Sie sich Zeit, um Ihre unterschiedlichen Persönlichkeiten besser kennenzulernen. Natürlich wissen wir, dass jeder von uns eine andere Herangehensweise an das Leben hat. Gerade haben wir über »Frühaufsteher« und »Langschläfer« bzw. »Nachtmenschen« gesprochen – ich nenne sie gerne »Rotkehlchen« und »Eulen«. Die Rotkehlchen stehen gerne früh auf und sind sofort hellwach und energiegeladen (»Der frühe Vogel fängt den Wurm«), während die Eulen bis spät in die Nacht aktiv sind und dafür am Morgen ein »Bitte-nicht-stören«-Schild an der Schlafzimmertür hängen haben. Wenn Sie sich so akzeptieren, wie Sie sind, und nicht den andern verändern wollen, dann trägt das zu einer guten Atmosphäre in Ihrer Partnerschaft bei. Schauen Sie stattdessen lieber darauf, wie Sie Ihre unterschiedlichen Persönlichkeitszüge so nutzen können, dass sie Ihrer Teamarbeit zugutekommen. Doro und Robert haben das in ihrer Situation getan.

Unterschiedliche Persönlichkeiten zeigen sich zum Beispiel auch daran, dass der eine Partner es mit der Ordnung ganz genau nimmt und der andere eher nicht.

Beim einen hat alles seinen Platz, der andere ist ständig am Suchen und fragt: »Wo habe ich es hingelegt?« Je früher wir akzeptieren, dass einer von uns z. B. immer seine Autoschlüssel verlegt, desto eher können wir uns darauf konzentrieren, wie wir unsere Stärken als Team ausspielen. Versuchen Sie nicht, Ihren Partner in Ihr Ordnungssystem hineinzuzwängen, indem Sie z. B. eine Schlüsselschale im Flur aufstellen und erwarten, dass er nun immer seinen Autoschlüssel dort deponiert. Das wird nicht klappen. Ein Mann erzählte mir frustriert und fassungslos: »Ich habe ihre Schlüssel an einen Schlüsselbund mit Tennisball gehängt, weil ich dachte, den Tennisball kann man nicht verlegen. Aber da habe ich mich gründlich getäuscht.« Viel besser wäre es doch, den Autoschlüssel in mehrfacher Ausfertigung dazuhaben. »Liebling, nimm doch einfach diese Schlüssel hier. Die anderen finden sich bestimmt wieder!« In der Tat, und wenn es im Kühlschrank ist …

Seien Sie füreinander da und arbeiten Sie nicht gegeneinander. Nutzen Sie Ihre unterschiedlichen Persönlichkeiten und Ihre Stärken, um sich auf dem ungewohnten Spielfeld neu aufzustellen.

Weiterhin möchte ich Ihnen empfehlen, dass Sie sich gegenseitig darin unterstützen, einer Leidenschaft, einem lang gehegten Wunsch oder einem Hobby nachzugehen. Marie hatte Englisch studiert und träumte schon seit Langem davon, ein Buch zu schreiben. Doch nach der Hochzeit nahm ihr Beruf so viel Zeit in Anspruch, dass dieser Wunsch in den Hintergrund geriet. Dann kam das erste Kind und danach noch ein weiteres. Zu

Beginn der Corona-Krise waren ihre Kinder im ersten und dritten Schuljahr. Marie hatte einen guten Alltagsrhythmus entwickelt und sie und ihr Mann Kevin führten eine gute Ehe. Aber sie hatte immer noch zu wenig Zeit zum Schreiben. Eines Nachmittags, als Kevin mit den Kindern im Garten spielte, setzte sie sich an ihren Computer und schrieb einen Artikel. Er handelte davon, wieviel Freude es Müttern macht, wenn beide Elternteile am selben Strang ziehen. Sie druckte ihn aus und ließ ihn auf dem Schreibtisch liegen, um ihn später Korrektur zu lesen. Als ihr Mann Kevin am Abend die Kinder zu Bett gebracht hatte, fand er den Ausdruck und las ihn. »Das ist ein großartiger Artikel, Marie«, sagte er. »Oh, du hast ihn gelesen? Wie hat er dir gefallen?« – »Er ist einfach fantastisch«, sagte er. »Du musst ihn unbedingt bei unserer Zeitung einreichen.« Diese Ermutigung hatte Marie gebraucht. Sie schickte ihren Artikel an die regionale Zeitung und schon in der kommenden Woche wurde er veröffentlicht. Wer weiß, was sie als Nächstes schreiben wird? Mitten in der Krise konnte sie sich einen großen Wunsch erfüllen, weil ihr Mann sie dazu ermutigt hatte.

Viele von uns haben Ideen davon, was wir im Leben gerne erreichen würden. Wahrscheinlich kennen Sie Ihre eigenen Träume und Leidenschaften, aber kennen Sie auch die Wünsche Ihres Partners? Wenn das nicht der Fall ist, nutzen Sie diese Zeit der Krise, um Ihr Gegenüber zu fragen: »Wenn dir alles in der Welt möglich wäre, was würdest du am liebsten tun?« Wahrscheinlich hat Ihr Partner mehr als nur eine Idee. Es ist eine zutiefst befriedigende Erfahrung, dem Partner zu helfen, die Ziele zu erreichen, die er sich gesteckt hat. Denken Sie daran: Sie sind ein Team. Wenn einer erfolgreich ist, dann sind Sie beide erfolgreich. Machen Sie den ersten Schritt, sogar oder gerade inmitten der gegenwärtigen Krise.

Praktische Tipps:

1. Waren Sie vor der Corona-Pandemie zufrieden mit der Rolle, die jeder von Ihnen in Ihrem Zweierteam gespielt hat? Ist das nicht der Fall – was würden Sie gerne ändern?

2. Welche Veränderungen haben sich in Ihren Rollen und Aufgabenbereichen seit Beginn der Pandemie ergeben? Welche davon möchten Sie gerne mit Ihrem Partner besprechen?

3. Fragen Sie Ihren Partner: »Was stresst dich am meisten inmitten all dieser Veränderungen? Was kann ich tun, um dir zu helfen?«

4. Welche Unterschiede in Ihren jeweiligen Persönlichkeiten kosten Sie Kraft? Wie können Sie diese unterschiedlichen Persönlichkeitsmerkmale nutzen, um Ihr Team zu stärken, statt es zu schwächen?

5. Fragen Sie Ihren Partner: »Was möchtest du im Leben gerne erreichen? Und was kann ich tun, um dir zu helfen, dieses Ziel Wirklichkeit werden zu lassen?«

5

Nehmen Sie sich täglich bewusst Zeit, einander zuzuhören

Wir sagen oft: »Komm, lass uns miteinander reden!«, aber die meisten von uns müssen eher lernen, dem andern zuzuhören. Es stimmt natürlich: Wenn wir das Zuhören lernen wollen, dann braucht es auch jemanden, der redet. Viele von uns haben jedoch nie wirklich gelernt, aufmerksam und einfühlsam zuzuhören. Wer Einfühlungsvermögen hat, konzentriert sich beim Zuhören darauf, die Gedanken und die Gefühlslage desjenigen zu verstehen, der gerade mit uns redet. Er versucht, sich in den anderen hineinzuversetzen und die Welt durch seine Augen zu sehen. Normalerweise hören wir nicht zu, um zu verstehen, sondern um zu reagieren. Während unser Gegenüber noch spricht, denken wir schon darüber nach, was wir ihm gleich zur Antwort geben, statt wirklich zu verstehen, was uns der andere sagen möchte.

Viele Jahre lang habe ich Paare dazu ermutigt, sich täglich bewusst Zeit zu nehmen, um einander zuzuhören. Die Partner könnten sich zum Beispiel von drei Erlebnissen des Tages erzählen und davon, was diese in ihnen ausgelöst haben. Das ist eine gute Art, miteinander auch in den Mühlen des Alltags in Kontakt zu bleiben. Viele Paare haben diese Übung als eine große Hilfe dabei erlebt, innerlich miteinander verbunden zu bleiben.

Da Sie in diesen Zeiten womöglich ohnehin mehr Zeit zusammen zu Hause verbringen, fragen Sie sich vielleicht, ob das wirklich nötig ist. Doch Sie können ja immer noch nicht die Gedanken des andern lesen. Vielleicht beobachten Sie Ihren Partner dabei, wie er Wäsche zusammenlegt – aber deshalb wissen Sie noch lange nicht, was ihn gerade bewegt. Wir können uns im selben Raum aufhalten und innerlich dennoch meilenweit voneinander entfernt sein. Wenn Sie sich bewusst Zeit nehmen, um Ihrem Partner zuzuhören, dann geben Sie ihm damit zu verstehen, dass Sie Ihre Beziehung wertschätzen. Wenn Sie eine solche »Austausch-Zeit« noch nicht eingeführt haben, dann möchte ich Sie ermutigen, jetzt damit zu beginnen. Wenn Sie Kinder haben, wird es ein wenig schwieriger sein, aber gerade dann ist diese Zeit umso wichtiger für Ihre Ehe. Vielleicht können Sie sich zusammen eine kleine Auszeit nehmen, während das Baby schläft oder wenn die Kinder abends im Bett sind. Doch schaffen Sie sich auf alle Fälle Freiraum für das, was Ihnen beiden wichtig ist und was Sie bewegt.

Diese tägliche Zeit zum Austausch hilft Ihnen dabei,

geistig und emotional miteinander verbunden zu bleiben.

In diesem Kapitel soll es aber auch darum gehen, wie Sie in Konflikten miteinander auf dem Weg bleiben können. Während meiner 40-jährigen Tätigkeit als Paarberater ist mir aufgefallen, dass die meisten ungelösten Konflikte innerhalb einer Partnerschaft daraus resultieren, dass die Partner einander nicht wirklich verstanden haben. Verstehen kann man sein Gegenüber aber erst dann, wenn man gelernt hat, dem andern bewusst und einfühlsam zuzuhören. Konflikte sind in einer Partnerschaft unvermeidlich. Ich kenne kein Paar, das niemals eine Auseinandersetzung austrägt oder einen Konflikt miteinander hat. So etwas ist ganz normal, denn wir sind Menschen mit unterschiedlichen Gedanken und Gefühlen. Jeder von uns ist einzigartig geschaffen. Und wir sehen die Welt und unsere Lebenssituation jeder auf seine individuelle Weise. Auch wenn wir als Paar mit ein und derselben Situation konfrontiert sind, so ruft diese doch unterschiedliche Gefühle in uns hervor.

Auf diese Zeit der Krise, in der wir aus gesundheitlichen Gründen Abstandsregeln zu anderen Menschen einhalten müssen, reagiert jeder anders. Manche von uns werden sich ängstlich, sorgenvoll und bedrückt fühlen, während andere wiederum energiegeladen, hoffnungsvoll und mit großer innerer Ruhe reagieren. Das kommt daher, dass wir in unserer Persönlichkeit und unserer Herangehensweise ans Leben durch unsere Kindheit geprägt sind. Nehmen wir zum Beispiel Christine: Sie wuchs in einem Elternhaus auf, in dem sie sich sehr ungeborgen fühlte. Ihre Eltern stritten sich oft, und als Christine dreizehn Jahre alt war, ging ihr Vater fort und kam nie mehr zurück. Ihre Mutter musste von da an täglich darum kämpfen, überhaupt Essen auf den Tisch zu bringen. Sie war oft bedrückt und depressiv. So ist es verständlich, warum Christine auf die gegenwärtige Krisensituation mit Angst und Unsicherheit reagiert. Ihr Mann John hingegen wuchs in einem intakten Umfeld auf. Seine Eltern führten eine liebevolle Beziehung und unterstützten sich gegenseitig. In schwierigen Zeiten arbeiteten sie als Team zusammen und John fühlte sich immer geborgen. Wir sehen: Unsere momentanen Empfindungen und Gedanken sind auch durch unsere Lebensgeschichte beeinflusst. Wir können von unserem Partner nicht erwarten, dass er auf die gegenwärtige schwierige Situation in derselben Weise reagiert wie wir.

Vielleicht tauchen in dieser Zeit der Krise, die mit außergewöhnlichen äußeren und inneren Belastungen verbunden ist, plötzlich neue Konfliktfelder in Ihrer Beziehung auf, die es so nicht gegeben hat, als die Lebensumstände noch stabiler waren. Fred und Rebekka zum Beispiel stritten sich mit einem Mal darüber, ob ihre Kinder ein Wochenende bei Rebekkas Eltern verbringen sollten, die am anderen Ende der Stadt lebten. Rebekka benötigte dringend eine Pause von ihren Aufgaben als Mutter. Sie war rund um die Uhr gefordert. Ihr Mann Fred war von diesem Gedanken nicht gerade begeistert, denn seine Schwiegermutter hatte gesundheitliche Probleme, was sie allerdings nicht davon abgehalten hatte, verschiedentlich die Kontaktbeschränkungen zu umgehen. Fred befürchtete nun, dass seine Schwiegermutter sich schon mit dem Corona-Virus infiziert haben könnte, und wollte seine Kinder nicht dieser Gefahr aussetzen. Vielleicht haben Sie in Ihrer Beziehung andere Konfliktfelder entdeckt, die es vorher so nicht gegeben hat.

Ein Konflikt ist nicht einfach nur eine Meinungsverschiedenheit. Wenn in einer Beziehung der eine gern Lachs mag und der andere lieber Hühnchen, dann ist das kein Konflikt, sondern dann sind eben die Geschmäcker verschieden. Von einem Konflikt sprechen wir erst dann, wenn beide Partner unterschiedliche Ansichten vertreten und massiv zum Ausdruck bringen, dass der andere Unrecht hat. Konflikte können zu einem handfesten Streit führen, der alles nur noch schlimmer macht. So beschuldigt er sie zum Beispiel, dass sie selbstsüchtig ist, und sie wirft ihm vor, verantwortungslos zu sein. Der Streit eskaliert, wenn beide sich weiter mit Vorwürfen und Kritik überhäufen. Schließlich verlässt einer den Raum und schlägt die Tür zu. An diesem Punkt wird der Konflikt einfach unter den Teppich gekehrt und bleibt ungelöst. Wenn ein Paar immer mit seinen Konflikten auf diese Weise umgeht, gelangen sie irgendwann zu der Überzeugung: »Wir passen nicht zusammen. Wir können uns auf nichts einigen. Es wird nicht funktionieren. Unsere Partnerschaft hat keine Chance mehr.« Doch in Wirklichkeit sind die beiden nur zwei Menschen, die niemals gelernt haben, ihre Konflikte zu lösen.

Ich möchte Ihnen einige Impulse geben, wie Sie mit Konflikten auf konstruktive Weise umgehen und eine gesunde Partnerschaft aufbauen können.

Der Kern der Konfliktlösung besteht darin, dass Sie bewusstes und einfühlsames Zuhören einüben. Leider gelingt es den meisten Paaren nicht, so miteinander umzugehen, ohne dass sie sich dafür bewusst auf einen Plan, eine Vorgehensweise einigen. Am Anfang steht das gegenseitige Einverständnis des Paares, seine Konflikte gemeinsam anzugehen und nicht mehr zu streiten. Das sollte eigentlich keine allzu schwere Entscheidung sein. Verständigen Sie sich dann mit Ihrem Partner darauf, zunächst eine wöchentliche Austausch-Zeit einzuführen, in der Sie sich gegenseitig bewusst zuhören und eine Konfliktsituation der vergangenen Woche miteinander besprechen (nur *einen* Konflikt pro Woche). Das ergäbe 52 Konflikte im Jahr, die Sie miteinander bearbeiten. Das sollte erst einmal ausreichen.

Als erste Richtlinie für Ihre Austausch-Zeit vereinbaren Sie, immer abwechselnd zu reden. Derjenige, der beginnt, erhält fünf Minuten Zeit, um seine Sicht der Dinge zu schildern. Am Ende dieser Zeit darf der »Zuhörer« Fragen stellen, um sich zu vergewissern, dass er den Partner auch richtig verstanden hat. Er könnte zum Beispiel sagen: »Was ich von dir verstanden habe, ist Folgendes: ... Entspricht das dem, was du zum Ausdruck bringen wolltest?« Der Zuhörer darf so viele klärende Fragen stellen, wie er möchte, aber noch nicht seine Meinung zu dem Gesagten äußern. Denken Sie daran, zunächst in der Rolle des Zuhörers zu bleiben, der lediglich klärende Fragen stellen darf. Wenn der Redner sagt: »Ja, genau das habe ich gemeint ... und diese Gefühle hat es in mir ausgelöst«, dann ist Ihre Reaktion gefragt.

Erkennen Sie zunächst die Gedanken und Gefühle Ihres Partners an (das bedeutet nicht, dass Sie die Sichtweise Ihres Partners teilen). Sie könnten zum Beispiel sagen: »Ich glaube, ich verstehe, was du sagen möchtest, und ich kann das nachvollziehen. Mir ist jetzt klar, warum du enttäuscht (wütend, ängstlich, ...) warst.« So bringen Sie zum Ausdruck, dass Sie nicht länger der Gegner, sondern der Freund sind.

Nun sind Sie als Redner an der Reihe und haben fünf Minuten Zeit, um Ihre Sichtweise des Konflikts zum Ausdruck zu bringen. Zu Beginn könnten Sie sagen: »Lass mich dir meine Sicht der Dinge erklären. Ich hoffe, du kannst verstehen, warum ich so reagiert habe.« Nun wird Ihr Partner zum Zuhörer, der Sie nicht unterbricht, sondern den echten Wunsch hat, Ihre Gefühle und Gedanken zu verstehen. Nachdem Sie Ihre Sichtweise dargelegt haben, darf Ihr Partner klärende Fragen stellen, um sicherzugehen, dass er Sie richtig verstanden hat. Danach kann er noch einmal bekräftigen, was Sie gerade mit ihm geteilt haben: »Ich glaube, ich verstehe, was du sagen möchtest, und ich kann das nachvollziehen. Mir ist jetzt klar, warum du dich verletzt gefühlt hast.« Auf diese Weise haben Sie beide den Konflikt zwar noch nicht gelöst, aber Sie haben ein emotionales Klima geschaffen, das es Ihnen ermöglicht, eine konstruktive Lösung zu finden und nicht weiter zu streiten.

Erinnern wir uns noch einmal an Fred und Rebekka, die sich darüber stritten, ob ihre Kinder das Wochenende bei den Großeltern verbringen sollten. Nachdem sie sich Zeit genommen und sich gegenseitig bewusst zugehört hatten, konnte Fred sagen: »Ich verstehe nun, dass dir eine kleine Pause von den Kindern guttun würde. Ich kann nachvollziehen, dass du dich erschöpft fühlst.« Und Rebekka konnte ihrerseits zum Ausdruck bringen: »Ich verstehe, was du sagst, und ich begreife nun auch, worum du dir Sorgen machst.« Dann begannen die beiden, verschiedene Möglichkeiten abzuwägen. Ihre Lösung bestand darin, dass Fred den ganzen Samstag mit den Kindern verbrachte. Er machte das Frühstück und packte ein Picknick für das Mittagessen ein. Dann fuhr er mit den Kindern hinaus aufs Land und auf einem Bauernhof schauten sie sich Kühe, Kälbchen, Ferkel und Pferde an. Später am Tag ging er mit den Kindern im nahe gelegenen Wald auf Erkundungstour. Auf diese Weise konnte Rebekka den Samstag über entspannen, ohne sich um die Kinder kümmern zu müssen. Diese Lösung hatte eigentlich keiner von beiden zunächst im Sinn gehabt, aber so wurde dem Bedürfnis von Rebekka und den Sorgen von Fred Rechnung getragen und die Kinder waren begeistert von diesem Plan.

Um zu einer Lösung in einem Konflikt zu kommen, wird man oftmals Kompromisse eingehen müssen. Vielleicht trifft man sich dann auf halbem Weg und findet eine Möglichkeit, mit der beide zufrieden sein können.

Manchmal kann es aber auch notwendig sein, dass einer der Partner sich dazu entscheidet, nachzugeben und dem Wunsch des anderen zu folgen. Nehmen wir zum Beispiel Susan und Georg: Weil ihr Einkommen wegen Kurzarbeit drastisch geschrumpft war, mussten sie miteinander entscheiden, auf welche Ausgaben sie vorübergehend verzichten konnten. Susan schlug vor, dass Georg seine Mitgliedschaft im örtlichen Fitness-Center kündigen sollte. Aufgrund der Infektionsgefahr, meinte sie, könne Georg sein monatliches Abo ohnehin nicht nutzen. Georg war von dieser Idee nicht gerade begeistert, denn er hoffte, dass das Fitness-Center bald wieder seine Tore öffnen würde. Nachdem sich beide bewusst Zeit genommen und einander zugehört hatten, war Georg mit Susans Vorschlag einverstanden und kündigte seine Mitgliedschaft im Fitness-Center.

Manche Konflikte sind allerdings etwas schwieriger zu lösen. Wir hören uns gegenseitig zu, wir versuchen den andern zu verstehen, wir haben Verständnis und bringen Wertschätzung für die Sichtweise des anderen auf, können aber dennoch nicht zu einer gemeinsamen Lösung kommen. In solchen Fällen einigen wir uns darauf, dass wir uns nicht einigen können. Und dann überlegen wir gemeinsam, wie es weitergehen könnte. Vielleicht muss das Konfliktthema zu einem anderen Zeitpunkt, innerhalb der nächsten Woche oder des nächsten Monats (je nachdem, wie dringend das Thema ist), noch einmal aufgenommen und miteinander diskutiert werden. In der Zwischenzeit lassen wir unsere Beziehung aber nicht darunter leiden, sondern begegnen uns weiterhin wertschätzend und anerkennend.

Ich möchte Ihnen von einem anderen Paar erzählen: In der gegenwärtigen Krise eröffnete Bernd seiner Frau Kathrin, dass er darüber nachdachte, sich zur Ruhe zu setzen. Schließlich hatte er das Rentenalter erreicht und durch die Einschränkungen aufgrund der Pandemie war es unklar, wann er wieder zurück an seine alte Arbeitsstelle würde gehen können – oder ob er in einigen Monaten überhaupt noch seine Arbeitsstelle haben würde. Der Gedanke daran, dass ihr Mann schon in Rente gehen wollte, versetzte Kathrin in Angst und Schrecken. Nachdem sie nun aktuell die Erfahrung gemacht hatte, wie es war, ihren Mann die ganze Zeit zu Hause zu haben, war sie sich nicht sicher, ob sie schon dafür bereit war. Da Bernd und Kathrin noch nicht gelernt hatten, einander einfühlsam zuzuhören, entwickelte sich über diesem Thema ein hitziger Streit, nach dem sie tagelang kaum miteinander sprachen. Wären beide den Empfehlungen in diesem Buch gefolgt, hätten sie vielleicht die Gefühle und Gedanken des andern ein wenig besser verstehen und wertschätzen können. Vielleicht wären sie zu dem Schluss gelangt: »Wir einigen uns darauf, dass wir uns noch nicht einigen können.« Und zu einem späteren Zeitpunkt hätten sie das Thema noch einmal aufnehmen können. Dann wäre es ihnen möglich gewesen, auch weiterhin liebevoll und unterstützend miteinander umzugehen, selbst wenn die strittige Frage noch nicht geklärt war.

Konflikte können gelöst werden. Wir mögen nicht immer einer Meinung mit den Ansichten des anderen sein, aber wir können eine Lösung finden, die für beide Seiten akzeptabel ist. Ich wünsche mir, dass diese Impulse Ihnen geholfen haben, falls durch diese Zeit der Krise in Ihrer Partnerschaft Konfliktfelder aufgetreten sind, die vorher nicht da waren. Der Schlüssel zur Konfliktlösung besteht darin, einander einfühlsam zuzuhören und darauf hinzuarbeiten, dass man die Gedanken und Gefühle des andern versteht und anerkennt. Wenn Sie sich täglich eine feste Zeit reservieren, in der Sie sich zusammensetzen und einander bewusst zuhören, und sich einmal pro Woche verabreden, um gemeinsam Konflikte anzugehen, werden Sie erleben, dass Ihre Partnerschaft neuen Aufwind erfährt.

Praktische Tipps:

1. Sofern Sie sich in Ihrer Partnerschaft schon täglich Zeit für einen gemeinsamen Austausch nehmen, konzentrieren Sie sich darauf, sich gegenseitig einfühlsam zuzuhören. Redet Ihr Partner, dann versuchen Sie die Dinge durch seine Augen zu sehen. Konzentrieren Sie sich nicht darauf, was Ihre Sicht der Dinge ist, sondern versuchen Sie, die Gedanken und Gefühle Ihres Partners zu verstehen.

2. Wenn Sie noch keine tägliche Austausch-Zeit haben, in der Sie einander bewusst zuhören, fragen Sie Ihren Partner, ob er bereit dazu wäre. Sie könnten diese Zeit zunächst auf zehn Minuten oder eine Viertelstunde begrenzen. Jeder von Ihnen kann dann zwei oder drei Ereignisse des Tages erzählen und die eigenen Empfindungen mitteilen. Denken Sie daran: Das Ziel dieser Übung ist es, besser zu verstehen, wie Ihr Partner denkt und fühlt, und so miteinander verbunden zu bleiben. Nutzen Sie die-

se Zeit nicht dafür, um Ihrem Partner endlich alles das zu sagen, was Sie ihm immer schon einmal sagen wollten.

3. Vielleicht können Sie sich auch jede Woche einmal Zeit nehmen, in der Sie einen erst kürzlich aufgetretenen Konflikt gemeinsam angehen. Konzentrieren Sie sich darauf, einfühlsam zuzuhören und die Sichtweise und die Gefühle Ihres Partners wahrzunehmen und anzuerkennen. Wechseln Sie sich gegenseitig als Redner und als Zuhörer ab.

4. Wenn in Ihrer Beziehung gerade einige Konfliktfelder neu aufbrechen, dann halten Sie diese Themen in einer Liste fest und ordnen Sie ihnen verschiedene Prioritäten zu. Ermutigen Sie Ihren Partner, dasselbe zu tun. Dann wechseln Sie sich alle zwei Wochen darin ab, das Thema Ihrer Austausch-Zeit zu bestimmen. Und dann probieren Sie die drei Wege aus, die ich Ihnen für eine Konfliktlösung vorgestellt habe: Finden Sie einen Kompromiss, mit dem Sie beide leben können. Oder schließen Sie sich dem Wunsch Ihres Partners an. Oder vielleicht müssen Sie sich auch darauf einigen, dass Sie sich im Moment nicht einigen können und das Konfliktthema zu einem späteren Zeitpunkt wieder aufnehmen.

5. Wie erfolgreich sind Sie in der Vergangenheit als Paar damit gewesen, Konflikte anzugehen und zu

lösen? Welche Schritte könnten Sie in Zukunft gemeinsam gehen, damit der Weg zur Konfliktlösung zu einem positiveren Erlebnis für Sie beide wird?

Nachwort

Egal wie Ihre momentane Situation aussieht – ich hoffe, dass Ihnen die in diesem Buch vorgestellten fünf Wege helfen, Ihre Beziehung neu zu beleben. Geben Sie den Gedanken und Gefühlen nicht nach, die Ihnen vorspielen, dass alles hoffnungslos ist. Gerade in der gegenwärtig schwierigen Situation ist es wichtig, in Ihre Partnerschaft zu investieren und nicht passiv zu werden. Selbst wenn Ihr Partner dieses Buch nicht gemeinsam mit Ihnen lesen oder die hier vorgestellten Ideen mit Ihnen besprechen möchte, gibt es immer noch Hoffnung. Natürlich kann einer allein nicht eine angeschlagene Beziehung kitten. Aber einer allein kann zumindest den ersten Schritt tun. Wenn Sie die in diesem Buch vorgestellten Ideen umzusetzen versuchen, dann werden Sie dadurch eine positivere emotionale Atmosphäre in Ihrer Beziehung schaffen. Was Sie sagen und was Sie tun, wird immer einen Einfluss auf Ihren Partner haben, entweder in positiver oder negativer Weise. Ich möchte Sie dazu ermutigen, sich für den positiven Einfluss zu entscheiden. Selbst wenn Ihr Partner nicht darauf zu reagieren scheint, wird es Ihnen damit doch besser gehen. Denn Sie werden wissen, dass Sie inmitten aller Schwierigkeiten das Richtige getan haben.

Bitte beachten Sie, dass die Reihenfolge der Kapitel bewusst so gewählt ist. Wenn Sie nicht damit beginnen, einen verbalen Waffenstillstand zu schließen, dann werden Sie Ihre Ehe nicht neu beleben können. Solange wir uns im Kriegszustand befinden, werden wir nicht friedlich miteinander umgehen können. Doch wenn wir unsere verbalen Attacken einstellen, werden wir frei, den andern für unsere Fehler um Vergebung zu bitten. Hoffentlich wird uns unser Partner verzeihen – aber zumindest haben wir auf unserer Seite ein Stück der emotionalen Mauer abgetragen. Wenn wir dann beginnen, die Liebessprache unseres Partners zu sprechen, kümmern wir uns um seine emotionalen Bedürfnisse – nämlich zutiefst geliebt zu sein. Und wenn die Liebe erst in beide Richtungen fließt, fällt es uns viel leichter, den Wert eines partnerschaftlichen Zweierteams neu schätzen zu lernen. Es ist wichtig, dass wir immer mehr zu einem eingespielten Team werden, um den Wellen der Unsicherheit, die gegen das Schiff unserer Beziehung schlagen, etwas entgegensetzen zu können. Nehmen Sie sich täglich Zeit, um einander bewusst zuzuhören. Das hilft Ihnen, eine liebevolle, von gegenseitiger Unterstützung geprägte Beziehung aufzubauen. Und eine wöchentliche Zeit, in der wir uns auf die Lösung eines Konfliktes in unserer

Partnerschaft konzentrieren, wird uns helfen, die Stürme des Lebens gesund zu überstehen.

Wenn die Übungen und Impulse dieses Buches für Sie hilfreich waren, dann erzählen Sie doch Ihren Freunden und Bekannten davon. So können wir alle dazu beitragen, ein Umfeld zu schaffen, in dem unsere Ehen und Partnerschaften gesunden können. Das wird letztlich auch unseren Kindern zugutekommen. Die Stürme des Lebens sind unvermeidlich, aber wir brauchen uns nicht von ihnen überwältigen zu lassen.

Liebessprachen-Test für ihn

Sie glauben vielleicht, Ihre eigene Muttersprache der Liebe genau zu kennen. Und dann kommen Ihnen plötzlich wieder Zweifel. Dieser Test soll Ihnen helfen herauszufinden, welches wirklich Ihre persönliche Liebessprache ist – *Lob und Anerkennung, Zweisamkeit, Geschenke, Hilfsbereitschaft oder Zärtlichkeit.*

Der Test besteht aus jeweils 30 Satzpaaren. Bitte wählen Sie die Aussage, die am besten umschreibt, was Ihnen in Ihrer Paarbeziehung am meisten bedeutet. Die Aussagen treffen auf Ihre persönliche Situation vielleicht nicht genau zu, doch entscheiden Sie sich bitte für die Aussage, die das Wesentliche dessen einfängt, was Ihnen am wichtigsten ist.

Nehmen Sie sich zehn bis fünfzehn Minuten Zeit, um den Test auszufüllen. Warten Sie, bis Sie etwas Zeit dafür haben, und hetzen Sie nicht durch den Fragebogen. Dann tragen Sie die Ergebnisse zusammen und lesen Ihr Testergebnis.

1

- Wenn meine Partnerin mir kleine Liebesbriefe oder eine SMS schreibt, fühle ich mich gut. A
- Wenn meine Partnerin ihren Arm um mich legt, gibt mir das ein gutes Gefühl. E

Nr.	Aussage	
2	➤ Ich bin sehr gern mit meiner Partnerin allein.	B
	➤ Wenn meine Partnerin eine lästige Aufgabe wie Rasenmähen für mich erledigt, fühle ich mich geliebt.	D
3	➤ Ich freue mich riesig über Geschenke von meiner Partnerin.	C
	➤ Ich genieße lange Autofahrten mit meiner Partnerin.	B
4	➤ Ich fühle mich geliebt, wenn meine Partnerin z. B. das Auto tankt oder den Einkauf übernimmt.	D
	➤ Ich genieße es, wenn meine Partnerin mich berührt.	E
5	➤ Ich fühle mich geliebt, wenn meine Partnerin mir liebevoll die Schultern massiert.	E
	➤ Ich weiß, dass meine Partnerin mich liebt, weil sie mich regelmäßig mit Geschenken überrascht.	C
6	➤ Es bedeutet mir viel, mit meiner Partnerin spazieren zu gehen.	B
	➤ Ich halte gern Händchen mit meiner Partnerin.	E
7	➤ Die Geschenke, die ich von meiner Partnerin bekomme, bedeuten mir immer sehr viel.	C
	➤ Ich höre es gern, wenn meine Partnerin sagt, dass sie mich liebt.	A

8	➤ Ich mag es, wenn meine Partnerin dicht neben mir sitzt.	E
	➤ Wenn meine Partnerin mir ohne besonderen Grund Komplimente macht, spüre ich ihre Liebe.	A
9	➤ Wenn ich Zeit mit meiner Partnerin verbringe, bin ich glücklich.	B
	➤ Selbst das kleinste Geschenk von meiner Partnerin bedeutet mir etwas.	C
10	➤ Ich fühle mich geliebt, wenn meine Partnerin zu mir sagt, wie stolz sie auf mich ist.	A
	➤ Wenn meine Partnerin mir bei einer unangenehmen Aufgabe hilft, weiß ich, wie wichtig ich für sie bin.	D
11	➤ Egal was wir tun – Hauptsache ist, wir tun es gemeinsam.	B
	➤ Ich fühle mich gut, wenn meine Partnerin mich aufmuntert.	A
12	➤ Gefälligkeiten meiner Partnerin bedeuten mir mehr als tausend Worte.	D
	➤ Ich nehme meine Partnerin gern in den Arm.	E
13	➤ Ein Lob von meiner Partnerin bedeutet mir viel.	A
	➤ Es bedeutet mir viel, wenn meine Partnerin mir das schenkt, was ich mir gerade wünsche.	C

14
- ➤ Sobald meine Partnerin in der Nähe ist, fühle ich mich wohl. B
- ➤ Ich mag es, wenn meine Partnerin mir den Rücken massiert. E

15
- ➤ Wie meine Partnerin reagiert, wenn ich etwas geleistet habe, ist für mich immer wieder Ansporn. A
- ➤ Es bedeutet mir viel, wenn meine Partnerin etwas für mich erledigt, was sie selbst nicht gerne tut. D

16
- ➤ Ich kann nie genug kriegen, wenn meine Partnerin mich küsst. E
- ➤ Ich finde es schön, wenn meine Partnerin sich für meine Arbeit interessiert. B

17
- ➤ Ich kann mich darauf verlassen, dass meine Partnerin mir mit Rat und Tat zur Seite steht. D
- ➤ Ich bin immer noch aufgeregt, wenn ich ein Geschenk von meiner Partnerin auspacke. C

18
- ➤ Es macht mich stolz, wenn meine Partnerin mir sagt, dass ich gut aussehe. A
- ➤ Ich freue mich darüber, wenn meine Partnerin mir in Ruhe zuhört. B

19
- ➤ Wenn meine Partnerin in der Nähe ist, kann ich nicht anders, als sie zu berühren. E
- ➤ Meine Partnerin nimmt mir immer wieder Erledigungen ab und das schätze ich an ihr sehr. D

20

- Meine Partnerin hätte eigentlich einen Preis verdient für so viel Hilfsbereitschaft. **D**
- Ich staune immer, wie viele Gedanken sich meine Partnerin macht, bevor sie mir etwas schenkt. **C**

21

- Mir ist es wichtig, dass meine Partnerin nicht auf ihr Smartphone schaut, wenn wir uns unterhalten. **B**
- Wenn meine Partnerin lästige Alltagspflichten übernimmt, fühle ich mich geliebt. **D**

22

- Ich bin schon riesig gespannt, was meine Partnerin mir wohl zum Geburtstag schenken wird. **C**
- Ich kann nie genug davon bekommen, wenn meine Partnerin mir sagt, welch eine wichtige Rolle ich in ihrem Leben spiele. **A**

23

- Wenn meine Partnerin mir etwas schenkt, weiß ich, dass sie mich liebt. **C**
- Meine Partnerin zeigt mir ihre Liebe, indem sie mir hilft, ohne dass ich sie bitten muss. **D**

24

- Meine Partnerin unterbricht mich nicht, wenn ich rede, und das schätze ich sehr. **B**
- Geschenke kann ich nie genug von ihr bekommen. **C**

25
- Meine Partnerin sieht gleich, wenn ich nicht mehr kann. Und dann steht sie mir sofort zur Seite. Das ist schön. D
- Es ist mir egal, wohin wir gehen oder fahren – Hauptsache, wir sind zusammen. B

26
- Ich fühle mich geliebt, wenn wir miteinander schlafen. E
- Ich liebe es, mich von meiner Partnerin mit Geschenken überraschen zu lassen. C

27
- Es gibt mir Kraft, wenn meine Partnerin mich lobt. A
- Ich gehe mit meiner Partnerin gern ins Kino. B

28
- Meine Partnerin hat ein Gespür dafür, was ich mir manchmal insgeheim wünsche. Und das finde ich großartig. C
- Wenn meine Partnerin in der Nähe ist, habe ich das starke Bedürfnis, sie zu berühren. E

29
- Es bedeutet mir viel, wenn meine Partnerin mir hilft, obwohl sie selbst genug zu tun hätte. D
- Ich fühle mich großartig, wenn meine Partnerin mir sagt, wie viel ich ihr bedeute. A

30
- Wenn wir eine Weile getrennt waren, kann ich es kaum abwarten, meine Partnerin in die Arme zu schließen und sie zu küssen. E
- Ich höre es gern, wenn meine Partnerin mir sagt, dass sie an mich glaubt. A

A: ____ B: ____ C: ____ D: ____ E: ____

A = Lob und Anerkennung
B = Zweisamkeit
C = Geschenke
D = Hilfsbereitschaft
E = Zärtlichkeit

Test-Auswertung für ihn

Die Liebessprache mit der höchsten Punktzahl (maximal 12) ist Ihre persönliche Muttersprache der Liebe. Ergibt sich Punktgleichheit für zwei Sprachen, sind Sie eben „zweisprachig". Und liegen die Punktzahlen dicht beieinander, bedeuten Ihnen beide Sprachen etwa gleich viel.

Die niedrigen Werte deuten auf Sprachen hin, die sie selten einsetzen, um Ihre Liebe zum Ausdruck zu bringen, und wahrscheinlich sprechen sie Sie auf emotionaler Ebene kaum an.

Vielleicht ist das Ergebnis ja eindeutig und eine Sprache sticht besonders hervor. Dann sollten Sie aber die anderen nicht etwa gering achten. Vielleicht ist gerade die Liebessprache Ihrer Partnerin darunter! Und schon deshalb sollten Sie sich auch mit diesen befassen, denn so verstehen Sie Ihre Partnerin gleich viel besser.

Auch Ihre Partnerin sollte Ihre Liebessprache kennen, denn davon profitieren Sie beide. Wenn Sie und Ihre Partnerin miteinander Ihre Liebessprachen sprechen, tut dies Ihrer Beziehung nur gut. Die zwischenmenschliche Bindung wird gestärkt, die Kommunikation gelingt besser, Verständnis wird geweckt und schließlich stellt sich wieder die Romantik ein, die Sie so lange vermisst haben.

Wenn Ihre Partnerin es nicht schon getan hat, ermutigen Sie sie, den Liebessprachen-Test in diesem Buch auszufüllen. Reden Sie über Ihre Sprache der Liebe und nutzen Sie die neu gewonnenen Einsichten, um Ihre Beziehung zu verbessern!

Liebessprachen-Test für sie

Lob und Anerkennung, Zweisamkeit, Geschenke, Hilfsbereitschaft oder Zärtlichkeit: Welches ist Ihre Liebessprache? Der folgende Test will Ihnen helfen, das herauszufinden. Danach können Sie und Ihr Partner in einen Gedankenaustausch treten und das Wissen nutzen, um Ihre Beziehung zu festigen.

Der Test besteht aus jeweils 30 Satzpaaren. Bitte wählen Sie die Aussage, die am besten umschreibt, was Ihnen in Ihrer Paarbeziehung am meisten bedeutet. Die Aussagen treffen auf Ihre persönliche Situation vielleicht nicht genau zu, doch entscheiden Sie sich bitte für die Aussage, die das Wesentliche dessen einfängt, was Ihnen am wichtigsten ist.

Nehmen Sie sich zehn bis fünfzehn Minuten Zeit, um den Test auszufüllen. Warten Sie, bis Sie etwas Zeit dafür haben, und hetzen Sie nicht durch den Fragebogen. Dann tragen Sie die Ergebnisse zusammen und lesen Ihr Testergebnis.

1	➤ Wenn mein Partner mir kleine Liebesbriefe oder eine SMS schreibt, fühle ich mich gut.	A
	➤ Wenn mein Partner seinen Arm um mich legt, gibt mir das ein gutes Gefühl.	E
2	➤ Ich bin sehr gern mit meinem Partner allein.	B
	➤ Wenn mein Partner eine lästige Aufgabe wie Autowaschen für mich erledigt, fühle ich mich geliebt.	D

3	➤ Ich freue mich riesig über Geschenke von meinem Partner.	C
	➤ Ich genieße lange Autofahrten mit meinem Partner.	B
4	➤ Ich fühle mich geliebt, wenn mein Partner z. B. das Auto tankt oder den Einkauf übernimmt.	D
	➤ Ich genieße es, wenn mein Partner mich berührt.	E
5	➤ Ich fühle mich geliebt, wenn mein Partner mir liebevoll die Schultern massiert.	E
	➤ Ich weiß, dass mein Partner mich liebt, weil er mich regelmäßig mit Geschenken überrascht.	C
6	➤ Es bedeutet mir viel, mit meinem Partner spazieren zu gehen.	B
	➤ Ich halte gern Händchen mit meinem Partner.	E
7	➤ Die Geschenke, die ich von meinem Partner bekomme, bedeuten mir immer sehr viel.	C
	➤ Ich höre es gern, wenn mein Partner sagt, dass er mich liebt.	A
8	➤ Ich mag es, wenn mein Partner dicht neben mir sitzt.	E
	➤ Wenn mein Partner mir ohne besonderen Grund Komplimente macht, spüre ich seine Liebe.	A

9
- Wenn ich Zeit mit meinem Partner verbringe, bin ich glücklich. B
- Selbst das kleinste Geschenk von meinem Partner bedeutet mir etwas. C

10
- Ich fühle mich geliebt, wenn mein Partner zu mir sagt, wie stolz er auf mich ist. A
- Wenn mein Partner mir bei einer unangenehmen Aufgabe hilft, weiß ich, wie wichtig ich ihm bin. D

11
- Egal was wir tun, Hauptsache ist, wir tun es gemeinsam. B
- Ich fühle mich gut, wenn mein Partner mich aufmuntert. A

12
- Gefälligkeiten meines Partners bedeuten mir mehr als tausend Worte. D
- Ich nehme meinen Partner gern in den Arm. E

13
- Ein Lob von meinem Partner bedeutet mir viel. A
- Es bedeutet mir viel, wenn mein Partner mir das schenkt, was ich mir gerade wünsche. C

14
- Sobald mein Partner in der Nähe ist, fühle ich mich wohl. B
- Ich mag es, wenn mein Partner mir den Rücken massiert. E

15
- ➤ Wie mein Partner reagiert, wenn ich etwas geleistet habe, ist für mich immer wieder Ansporn. A
- ➤ Es bedeutet mir viel, wenn mein Partner etwas für mich erledigt, was er selbst nicht gerne tut. D

16
- ➤ Ich kann nie genug kriegen, wenn mein Partner mich küsst. E
- ➤ Ich finde es schön, wenn mein Partner sich für meine Arbeit interessiert. B

17
- ➤ Ich kann mich darauf verlassen, dass mein Partner mir mit Rat und Tat zur Seite steht. D
- ➤ Ich bin immer noch aufgeregt, wenn ich ein Geschenk von meinem Partner auspacke. C

18
- ➤ Es macht mich stolz, wenn mein Partner mir sagt, dass ich gut aussehe. A
- ➤ Ich freue mich darüber, wenn mein Partner mir in Ruhe zuhört. B

19
- ➤ Wenn mein Partner in der Nähe ist, kann ich nicht anders, als ihn zu berühren. E
- ➤ Mein Partner nimmt mir immer wieder Erledigungen ab u. das schätze ich an ihm sehr. D

20
- ➤ Mein Partner hätte eigentlich einen Preis verdient für so viel Hilfsbereitschaft. D
- ➤ Ich staune immer, wie viele Gedanken sich mein Partner macht, bevor er mir etwas schenkt. C

21
- ➤ Mir ist es wichtig, dass mein Partner nicht auf sein Smartphone schaut, wenn wir uns unterhalten. **B**
- ➤ Wenn mein Partner lästige Alltagspflichten übernimmt, fühle ich mich geliebt. **D**

22
- ➤ Ich bin schon riesig gespannt, was mein Partner mir wohl zum Geburtstag schenken wird. **C**
- ➤ Ich kann nie genug davon bekommen, wenn mein Partner mir sagt, welch eine wichtige Rolle ich in seinem Leben spiele. **A**

23
- ➤ Wenn mein Partner mir etwas schenkt, weiß ich, dass er mich liebt. **C**
- ➤ Mein Partner zeigt mir seine Liebe, indem er mir hilft, ohne dass ich ihn bitten muss. **D**

24
- ➤ Mein Partner unterbricht mich nicht, wenn ich rede, und das schätze ich sehr. **B**
- ➤ Geschenke kann ich nie genug von ihm bekommen. **C**

25
- ➤ Mein Partner sieht gleich, wenn ich nicht mehr kann. Und dann steht er mir sofort zur Seite. Das ist schön. **D**
- ➤ Es ist mir egal, wohin wir gehen oder fahren – Hauptsache, wir sind zusammen. **B**

26
- ➤ Ich fühle mich geliebt, wenn wir miteinander schlafen. **E**
- ➤ Ich liebe es, mich von meinem Partner mit Geschenken überraschen zu lassen. **C**

27
- ➤ Es gibt mir Kraft, wenn mein Partner mich lobt. A
- ➤ Ich gehe mit meinem Partner gern ins Kino. B

28
- ➤ Mein Partner hat ein Gespür dafür, was ich mir manchmal insgeheim wünsche. Und das finde ich großartig. C
- ➤ Wenn mein Partner in der Nähe ist, habe ich das starke Bedürfnis, ihn zu berühren. E

29
- ➤ Es bedeutet mir viel, wenn mein Partner mir hilft, obwohl er selbst genug zu tun hätte. D
- ➤ Ich fühle mich großartig, wenn mein Partner mir sagt, wie viel ich ihm bedeute. A

30
- ➤ Wenn wir eine Weile getrennt waren, kann ich es kaum abwarten, meinen Partner in die Arme zu schließen und ihn zu küssen. E
- ➤ Ich höre es gern, wenn mein Partner mir sagt, dass er mich vermisst hat. A

A: _____ B: _____ C: _____ D: _____ E: _____

A = Lob und Anerkennung
B = Zweisamkeit
C = Geschenke
D = Hilfsbereitschaft
E = Zärtlichkeit

Test-Auswertung für sie

Die Liebessprache mit der höchsten Punktzahl (maximal 12) ist Ihre persönliche Muttersprache der Liebe. Ergibt sich Punktgleichheit für zwei Sprachen, sind Sie eben „zweisprachig". Und liegen die Punktzahlen dicht beieinander, bedeuten Ihnen beide Sprachen etwa gleich viel.

Die niedrigen Werte deuten auf Sprachen hin, die sie selten einsetzen, um Ihre Liebe zum Ausdruck zu bringen, und wahrscheinlich sprechen sie Sie auf emotionaler Ebene kaum an.

Vielleicht ist das Ergebnis ja eindeutig und eine Sprache sticht besonders hervor. Dann sollten Sie aber die anderen nicht etwa gering achten. Vielleicht ist gerade die Liebessprache Ihres Partners darunter! Und schon deshalb sollten Sie sich auch mit diesen befassen, denn so verstehen Sie Ihren Partner gleich viel besser.

Auch Ihr Partner sollte Ihre Liebessprache kennen, denn davon profitieren Sie beide. Wenn Sie und Ihr Partner miteinander Ihre Liebessprachen sprechen, tut dies Ihrer Beziehung nur gut. Die zwischenmenschliche Bindung wird gestärkt, die Kommunikation gelingt besser, Verständnis wird geweckt und schließlich stellt sich wieder die Romantik ein, die Sie so lange vermisst haben.

Wenn Ihr Partner es nicht schon getan hat, ermutigen Sie ihn, den Liebessprachen-Test in diesem Buch auszufüllen. Reden Sie über Ihre Sprache der Liebe und nutzen Sie die neu gewonnenen Einsichten, um Ihre Beziehung zu verbessern!